Renate Herrmann-Winter
Prominente über Platt

Jede Provinz liebt ihren Dialekt:
denn er ist doch eigentlich das Element,
in welchem die Seele ihren Atem schöpft.

Johann Wolfgang von Goethe

Ein Wort zuvor

Dieses Buch ist ein Gemeinschaftswerk. Ich danke meinen 29 Gesprächs- und Briefpartnern, daß sie bereit waren, sich von mir Gedanken über ein nicht alltägliches Thema entlocken zu lassen: ihr Verhältnis zum Plattdeutschen. Nachdenken über Sprache gehört gewöhnlich nicht dazu, wenn man aus seinem Leben erzählt. Und nicht jeder muß, weil er spricht, auch über Sprache sprechen können. Deshalb war dieses Buch für mich ein Abenteuer. Die Idee dazu brachte mir der Sommer 1986: ich wollte die gegenwärtig günstige Zeit für das Niederdeutsche nutzen, um sein Befinden aus den Stimmen von Zeitgenossen sprechen zu lassen.

Weil Schreiben einseitiger und unpersönlicher ist als Reden, wollte ich fragen und Antworten hören. Von Menschen, die mit dem Wort umzugehen gewohnt sind. Von Menschen mit Sprachwissen, Spracherfahrung und Sprachempfinden. Von namhaften Künstlern, Wissenschaftlern, Schriftstellern und Politikern, die aus dem Norden unseres Landes stammen und in plattdeutscher Umgebung aufgewachsen sind. Persönlich kannte ich nur einige von ihnen. Daß sie mir alle herzlich und aufgeschlossen begegneten, verdanke ich sicher dem Thema, denn ich entdeckte sehr bald: auch *über* Plattdeutsch sprechen schafft Gemeinsamkeit. Einerlei in welcher Sprache. Wem Plattdeutsch als Alltagssprache fremd geworden war, der sprach hochdeutsch. Manchmal wechselten wir im Gespräch bewußt oder unbewußt von einem zum anderen. Wir nutzten auch sonst Möglichkeiten der Rede: den spontanen Einfall, die durch das Wechselspiel von Fragen und Antworten geforderte und beförderte Entwicklung der Gedanken. Es waren anregende, glückliche Gespräche, an denen Verstand und Gefühl gleichermaßen beteiligt waren.

Plattdeutsch als »Erinnerungssprache« an Großeltern, Elternhaus, Kindheit ist mit besonderen Emotionen beladen. Davon haben meine »Autoren« berichtet, erzählt, auch geschwärmt. Von der Liebe zu »Platt-Deutschland« (Thomas Mann), seinen Menschen, seiner Sprache, seiner Landschaft und seiner Geschichte. Der Reiz dieser oft sehr persönlichen Aussagen liegt in der Subjektivität der Urteile; vielleicht liegt auch ein Wert in der Möglichkeit, zeittypische Meinungen und Verhaltensweisen darin zu erkennen. Man kann diesen Sprach-Memoiren beim Lesen leicht eigene Erfahrungen hinzufügen. Man wird neue, überraschende Töne entdecken in dem, was treffend und originell zu den typischen Merkmalen des Plattdeutschen gesagt wird. Und bestätigt finden, daß die gefühlsbetonte Ausdruckskraft, daß Herzlichkeit und Wärme des Plattdeutschen immer wieder am höchsten geschätzt werden – Eigenschaften, die ihm im Laufe der Jahrhunderte, seitdem es von der Macht ausgeschlossen ist, gleichsam kompensatorisch zugewachsen sind. Doch ist es nie – zu keiner Zeit – vor Mißbrauch geschützt.

Und weil in diesem Buch plattdeutsche Texte neben hochdeutschen stehen, drängt sich eine Frage auf, die tiefer reichendes Nachdenken herausfordert: Was sind die besonderen Qualitäten, wo liegen die Grenzen des Plattdeutschen, wenn es darum geht, Wirklichkeit in Worte zu verwandeln? Jede Sprache erschließt uns die Welt auf eine andere, eigene Weise, durch unterschiedliche Strukturen und Bedeutungszuweisungen. Was ihnen an ihrer Muttersprache besonders charakteristisch erschien, haben schon früher berühmte Norddeutsche beschrieben. Plattdeutsche Wörter seien »naivsaftig« und »hartmäulig«, sagte Ernst Barlach, »bildhafter, einfacher, klarer«, meinte Kurt Tucholsky. Das Plattdeutsche zeichne sich aus durch »kernhafte Kürze« und »treffende Ausdrücke«, erklärte Johann Christoph Adelung. Es sei reich an »Sprichwörtern, Sittensprüchen, feinen Bemerkungen und Vergleichungen«, an »allem, was ins Gebiet des Lustigen und Komischen und in das lebendig lebende und wirkende Leben einschlägt«, urteilte Ernst Moritz Arndt.

Von dieser unmittelbaren Anschauung, die aus der Alltagsrealität schöpft und auf sie gerichtet ist, leben plattdeutsche Gespräche und plattdeutsches Erzählen auch heute. Dabei sind es, wie mir scheint, nicht so sehr die einzelnen Wörter, die das Besondere und Reizvolle solcher Rede ausmachen, sondern – in vielen Variationen – die spontane, emotionale Bewegung der Gedanken und Worte. Die plattdeutschen Texte belegen aber ebenso die Unfähigkeit des Niederdeutschen zur Abstraktion, und nicht selten veranlaßt diese Eigenheit in manchem Gespräch den plötzlichen Übergang zum Hochdeutschen, den Wechsel von der »Bilder-« zur »Begriffssprache«, den Sprung aus der familiären Intimität in die Öffentlichkeit. Aber auch das Umgekehrte ist nicht ungewöhnlich: der Rückgriff auf die »Sprache der Seele«, das »bequeme Hauskleid«, wenn sich etwas auf platt leichter, besser, treffender sagen läßt. Ich habe diesen Sprachwechsel aus den Tonbandtexten nicht getilgt. Wie ich überhaupt so weit wie möglich den Sprechstil erhalten wollte. Ich habe die umfangreichen wortgetreu nachgeschriebenen Gespräche (von 25 bis zu 40 Seiten) nicht nur gekürzt. Ich habe ausgewählt aus dem »Roh-Stoff«, zusammengefaßt, geordnet, gestaltet, damit aus spontan formulierter mündlicher Rede lesbare Texte entstehen konnten: Interviews und – um meine Fragen erleichtert, durch Zwischenüberschriften übersichtlicher gemacht – Tonbandprotokolle zum Thema Plattdeutsch.

Die Sprachwissenschaft, besonders die Dialektologie, hat, lange bevor die schöne Literatur sich das technische Medium Magnettonband nutzbar machte und in Tonbandprotokollen von Frauen, Männern und Freundinnen fast eine neue Gattung etablierte, akustische Dokumentationsformen benutzt. Freilich mit einem ganz anderen Ziel: um für den Augenblick Gesprochenes zu konservieren und wiederholbar zu machen für linguistische Analysen. Die hier versammelten Meinungen und Geschichten sind, so glaube ich, mehr als nur sprödes Material für die Forschung; es sind Sprachporträts, bemerkens- und beherzigenswerte Zeugnisse für den Wert und die Lebenskraft des Plattdeutschen.

Interviews

Albrecht von Bodecker

Geboren 1932 in Dresden,
Graphiker,
lebt in Berlin
und Klausthal/Uckermark.

Wer't mag, de mag't;
wer't nich mag, de mag't
ja woll nich mœgen.

Renate Jessel

Geboren 1923 in Ludwigslust,
Illustratorin,
lebt in Berlin.

Har'k bloß nich klingelt,
secht Kaspar.

Herrmann-Winter: Albrecht von Bodecker, würden Sie Mecklenburg als Ihre Heimat bezeichnen?

von Bodecker: Ja, Mecklenburg ist meine Heimat. Ich bin »zufällig« in Dresden geboren und habe nur die ersten fünf Lebensjahre dort verbracht. Mein Vater war Hannoveraner und wollte unbedingt verhindern, daß seine drei Söhne sächsisch sprechen lernten. Deshalb zog er mit uns 1937 nach Ludwigslust. Warum Ludwigslust? Mit dieser Stadt verband ihn die Erinnerung an seine Dragonerzeit. 1903 war er als junger Leutnant von Metz nach Ludwigslust gekommen, und es war das Fluidum dieser kleinen Beamten- und Residenzstadt, nach dem er sich zurücksehnte. Er baute dort ein Haus, in dem sind wir aufgewachsen. Mutter kam aus Sachsen-Anhalt, beide sprachen hochdeutsch. Und als ich in die Schule kam, habe ich sehr darunter gelitten, daß ich nicht Plattdeutsch konnte, denn meine Freunde sprachen untereinander nur platt. Ich stand immer mit einem Bein draußen. Sie waren eine

Gruppe, und ich gehörte nicht immer dazu, weil ich nicht so sprechen konnte.

Herrmann-Winter: Haben Sie denn als Junge nicht versucht, Plattdeutsch zu lernen?

von Bodecker: Ja, aber das war schwierig, weil es zu Hause nicht benutzt wurde und weil die Erwachsenen, mit denen ich in Berührung kam, auch meistens hochdeutsch sprachen. Meine Tanten waren Lehrerinnen, und da mußten wir ein einwandfreies Hochdeutsch sprechen, womit wir auch so unsere Schwierigkeiten hatten.

Herrmann-Winter: Dann war Plattdeutsch für Sie gewissermaßen die Sprache Ihrer Sehnsucht?

von Bodecker: Ja, so ist es, eine Sehnsuchtssprache, die ich bis heute nicht richtig beherrsche. Das war bei mir mit Platt so wie mit den Schuhen meiner Mutter. Sie litt darunter, daß sie immer Schnürschuhe anziehen mußte und alle anderen im Dorf Pantinen hatten, mit denen man im Winter auf dem Dorfteich so herrlich schliddern konnte. Sie war dadurch auch »draußen«, und für mich war als Kind dieses »Butensien« ebenfalls eine Barriere. Das zeigt, wie ich meine, daß Platt eine richtige Sprache ist. So wie man im Ausland merkt, daß sich einem ein Land nie ganz erschließt, wenn man seine Sprache nicht spricht. Überall in den Familien meiner Freunde hörte ich sie, und mein Lehrer, Hermann Schepler, ein Maler, konnte auch phantastisch platt sprechen. Bei allen Gemütsbewegungen, wenn er erregt war, fiel er in Platt, korrigierte sich schnell wieder, aber ich merkte, daß ihm Platt viel näher stand. Vor zwei Jahren, als in Schwerin zu seinem 75. Geburtstag eine Ausstellung war, hat er die Dankesworte auch plattdeutsch gesprochen. Aber da merkte ich an den Gesichtern der Zuhörer, daß viele nicht alles mitkriegten. Da war es wieder dieses »Buten-sien«. Denn in Schwerin wohnen heute viele Menschen, die von der schönen Landschaft angelockt wurden, die aber nicht aus Mecklenburg stammen.

Herrmann-Winter: Gibt es für Sie auch einen Zusammenhang zwischen Sprache und Landschaft?

von Bodecker: Ja, ich finde, diese Sprache gehört zu dieser Landschaft. Das Platt trägt vom Phonetischen diese Landschaft und schwingt durch die Jahrhunderte seit der Backsteingotik. Ähnlich ist es in Thüringen. Die kleinen Häuser dort, die Berge, das spiegelt sich auch in den vielen oft sehr unterschiedlichen Dialekten wider.

Herrmann-Winter: Verlangen eigentlich plattdeutsche Texte, wenn man sie graphisch illustriert, nach anderen Mitteln als hochdeutsche?

von Bodecker: Ich stelle mir vor, daß zu dieser gewachsenen klaren Sprache auch eine sehr bildhafte graphische Sprache gehört. Die Ausdrucksart darf ruhig ein wenig verschroben sein. Ich könnte mir auch vorstellen, daß der Holzschnitt den Duktus der Sprache tragen kann.

Jessel: Meine Art zu illustrieren wäre für das Plattdeutsche, glaube ich, nicht geeignet, obwohl mi dat Malerische an Platt so geföllt. Dat kann man in hochdütsch gor nich. »He blaart«, to'n Biespill, oder »du kannst mi eens anne Büx rüken«. Dat is rund un schön. Ik kann mi dor so richtig rinleggen, wenn ik Lüd hüren dau, wecke plattdütsch schnacken. Denn sitt ik dor un hœch mi een', »hœgen« kann'k ok nich œwersetten! Dat is muschelig un warm un eignlich alles so'n bäten plietsch. Ok de niege Technik hemm' se up 'ne plietsche Ort upnahmen, so ungefiehr as Unkel Bräsig dat Französische spräkt.

Herrmann-Winter: Sünd Se in Mäkelborg geburen, Fru Jessel?

Jessel: Ja, ik bün in Ludwigslust geburen un upwussen, œwer hochdütsch. Plattdütsch heff ik bi mien Unkel Karl lihrt, de wier Revierförster in Quast un hett dor as'n lütten König wahnt. Mien Swester, de hett sik dat Mul dorbi vertreckt un hett sik ok scheniert, weil s' denn alle lacht hemm'. Un ik heff den Lorbeer ernt' un sogar fofftig Pennig krägen von mien Unkel, weil ik so got platt snacken

künn. Dorför har'k mi denn 'ne Brus köfft. As ik na Wismar keem, don heff ik mi wunnert, dat de Gymnasiasten ünnernanner platt spräken deden. In Lulu wier dat don nich so inne Schaul. De Ludwigsluster hemm' twors ümmer secht, de Sweriner sünd wat besonners Feines, aber se har'n ja ok 'n Großherzog un wiern wat Bäderes.

von Bodecker: In Wismar haben die Mecklenburger, die dort mit mir zusammen auf der Fachschule für angewandte Kunst waren, auch untereinander Platt gesprochen. Da sind mir tüchtig die Ohren gewachsen. Jetzt hier in meinem Ferienhaus in der Uckermark versuche ich oft, durch ein plattdeutsches Wort bei den Bauern die Hemmschwelle zu überwinden, damit man auf eine Ebene kommt. Und das wird akzeptiert, denn is man doch nich so'n feinen Pinkel. Eigentlich eckt man mit unserer norddeutschen Aussprache, mit unserem Tonfall nie an, einerlei, ob man nun in Sachsen, in Thüringen, im Brandenburgischen oder in der Bundesrepublik ist.

Herrmann-Winter: Macht das die Nähe zur Hochsprache? Hat es auch mit der Mentalität der Norddeutschen zu tun?

Jessel: Ja, unbedingt.

von Bodecker: Die verbreitete Schabloneneinschätzung ist doch, Mecklenburger sind sture Böcke, nicht wahr?

Jessel: Und über die Sprache merkt man nämlich, daß es gar nicht stimmmt. Da ist dieses »Swienplietsche«, was eigentlich jedem auf der Nase sitzt, auch wenn er bloß mit Knix und Knax antwortet. He grient …, er kann es manchmal nicht verbal von sich geben, aber auch sein Grienen strahlt Wärme aus und Humor.

von Bodecker: Man muß den Mecklenburger richtig ansprechen, sonst blifft man buten. Er ist gar nicht stur, wenn man dieses öffnende Wort findet. Man muß ihn ein bißchen aufbrechen, dann ist er herzlich und verläßlich und nicht nur über einen Sommer, sondern über Jahre.

Herrmann-Winter: Der Mecklenburger kann durchaus kurz

und knapp sein in seinen Äußerungen, aber eben oft auch sehr drœnig.

Jessel: Ja, richtig, diese Sprache ist reich. Sie kann oft mit einem Wort alles sagen, redet aber auch viel drum herum, nur ein diplomatisches Drumherum gibt es, glaub' ich, nicht.

Herrmann-Winter: Glauben Sie, daß Plattdeutsch eine Sprache ist, oder ist es ein Dialekt?

Jessel: Ne, dat is 'ne Sprak, denk ik.

Herrmann-Winter: Und worüm?

Jessel: Ja, dat möten Se mi seggen, Se weten bäder Bescheed as ik. Dat dat nu hüt keene Amtssprak mihr is, dat licht ja nich an de Sprak, deswägen is se noch nich to'n Formalismus œwergahn un 'ne leere Hüls, ne, dat glöf ik nich, dor is noch to väl Saft in.

Herrmann-Winter: Meinen Sie, daß es sinnvoll ist, sich heute für eine Wiederbelebung des Plattdeutschen einzusetzen?

Jessel: Ja, ich würde sagen, das muß man sogar. Jeder Käfer, der am Aussterben ist, jedes Tier wird heute gehegt und gepflegt und kostet Millionen, wird im Zoo künstlich befruchtet, damit seine Art weiterlebt, und unsere alte gewachsene Sprache – deren Wurzeln ja auch noch da sind, wenn auch vielleicht ein bißchen eingeengt, wie die Bäume in Berlin – sollte nicht?

von Bodecker: Ich glaube auch, es wäre eine absolute Verarmung, wenn sie uns verlorenginge. Denn sie hat sich ja nicht ohne Grund gehalten bis in die moderne Zeit als Umgangssprache und Kommunikationsmittel der Menschen. Ich will nicht sagen, daß es eine Filzpantoffelsprache ist, aber ich glaube, der Mensch braucht etwas für seine Seele. Sie hat diese Wärme und das Herzliche, das Verbindende, Entspannende, auch am Biertisch und nach Feierabend. Das trifft natürlich für alle anderen Dialekte auch zu.

Jessel: För mi is Platt so'n bäten as 'n Nest. Dor kann man

17

natürlich ok rutfallen, œwer denn fählt 'n bäten wat, nich? Dat hett sicher nu ok wat mit dat Öller to daun, ik weet nich, wie dat mit de Jungen is.

von Bodecker: Ich brauche plattdeutsche Ausdrücke auch im Hochdeutschen, ganz einfach, um etwas treffender und gerechter zu beurteilen. Früher nahmen die Lehrer beim Zensieren Plus und Minus zu Hilfe. Das tut für mich heute ein plattdeutsches Wort. Ich kann damit das Hochdeutsche abschwächen oder steigern. Das ist wie bei einer Linsensuppe, die durch einen Tropfen Essig, etwas Zucker oder Pflaumenmus lieblicher gemacht wird. Wenn ich eine Graphik beurteile und sage, das Blatt ist ein bißchen »trocken«, so ist das hart geurteilt. Gerechter erscheint mir »drööch«, und das sage ich auch, wenn ich in einer Jury sitze.

Jessel: Wenn man ein plattdeutsches Wort einsetzt, kann man aber oft denen, die Platt nicht verstehen, den letzten Sinn nicht erklären, weil die hochdeutsche Sprache einfach nichts dafür hat.

von Bodecker: Aber einige niederdeutsche Ausdrücke haben sich inzwischen durchaus über die Landesgrenzen hinaus verbreitet und sind allgemeinverständlich.

Jessel: Ja, ich glaube, ein Wort gewinnt gerade die Welt, und das kommt aus dem Plattdeutschen, nämlich »tschüß«, die Alten sagten noch »adschüß ok«. Das begegnet mir zunehmend in Geschäften und bei Behörden. Wenn die Leute einen mögen, sagen sie »tschüß«, dann bist du angenommen. Dieses »tschüß« hat für mich noch etwas sehr Heimatliches, es nimmt einen wieder mit hinein. Aber das kann ja nicht für die Amerikaner gelten, denn die sagen heute auch »tschüß«, wenn sie zufrieden aus einem Laden gehen.

von Bodecker: Ja, das kannte man sonst nur in Mecklenburg. Ich stutzte jetzt auch am Telefon, als ich mit dem Lektor aus einem Berliner Verlag telefonierte. Ich hatte noch nichts geliefert und deshalb ein schlechtes Gewissen. Als er dann aber »tschüß« sagte, war ich mir sicher, daß er nicht erbost sein konnte. Das klang so versöhnlich. Wenn man »tschüß« außerhalb der Landesgrenze von Mecklenburg hört, ist man beglückt und trifft sich auf einer anderen Ebene.

Harry Tisch

Geboren 1927 in
Heinrichswalde,
Kr. Ueckermünde, Bauschlosser
und Diplom-Gesellschafts-
wissenschaftler,
Mitglied des Politbüros
des Zentralkomitees der SED,
Mitglied des Staatsrates der
DDR, Vorsitzender des
Bundesvorstandes
des Freien Deutschen
Gewerkschaftsbundes.

Jede Arbeit un jede Handlung
sast du in den Globen un de
Erkenntnis don,
dat du dat deest
för dien Volk, dien Vaterland
un för die sülben.

Renate Herrmann-Winter: Harry Tisch, Se sünd in Heinrichswalde geburn un upwussen. Hemm' Se to Hus plattdütsch
räd't?

Harry Tisch: De iersten Würd, de mi de Öllern lehrt hemm',
weern plattdütsch. Mien Mudder mücht nich gern hochdütsch räden un mien Oma noch väl weniger. Un as ik
späder von Ückermünn' oder Rostock na Hus kamen bün,
wenn ik den Foot œwer de Schwell sett heff, mit de Mudder
müßt ik platt räden. De har gor nich begräpen, wenn ik
mit ehr hochdütsch spraken har. Dat hürte to uns Läbens-
upfassung to, dat wi platt spraken harn, süss har se ok
woll dacht: De Jung' möt doch verrückt worden sind,
wenn de jetzt anfängt, hochdütsch to räden.

Renate Herrmann-Winter: Wier dat don bi alle Familien so in
Heinrichswall, dat de bloß platt räd'ten?

Harry Tisch: Ja, dat ganze Dörp hett plattdütsch räd't. Du
künnst mit de Arbeider un Buern gor nich anners räden.

20

Bloß de Lehrer, de Börgermeister un de Paster, de wat Höheres sin wulln, de hemm' hochdütsch spraken.

Renate Herrmann-Winter: Un wie güng dat inne Schaul, hemm' Se dor Schwierigkeiten hatt?

Harry Tisch: In unse Dörpschool hemm' de Kinner plattdütsch spraken, bloß nich in de offiziellen Ünnerrichtsstunnen. Oewer in de Pausen un bi't Spälen ümmer. Dat geef bloß twe Klassenrüm in Heinrichswall, un in jede Klass weern vier Jahrgänge, von der ersten bis zur vierten un von der fünften bet to'r achten. Ik heff erst in disse School anfungen, Hochdütsch to lihren. Toerst heff ik ok so schräben, as man plattdütsch spräkt. Wirklich hochdütsch denken lihrt heff ik einglich erst, as ik von Heinrichswall weggahn bün up Parteischool. Oewer ik mücht dat nich meiden. Ok späderhen in miene ganze politische Arbeit hett mi dat Plattdütsche eignlich ümmer hulpen.

Renate Herrmann-Winter: Wat hemm' Se in Ehr Arbeit mit Platt beläft?

Harry Tisch: Wenn ik früher up't Dörp führt bün to 'ne Versammlung, un ik heff bloß twee, dree Sätz plattdütsch secht, denn wüßten de Lüd, ik gehör to ehr, denn weer sofort Kontakt dor, un denn künnst' mit ehr räden. Ik bün na Ückermünn' kamen domals als Jugendsekretär vone Gewerkschaft un har 'ne Versammlung in Altwarp. Dat licht ja nu direkt anne Grenz, un ik glöf, ik weer œwerhaupt nicht torecht kamen, wenn ik nich plattdütsch sproken har. Dat güng üm de Oder-Neiße-Grenz, un dat weer jo 'ne sehr komplizierte Fraach domals. Un har ik mi nich so richtig plattdütsch unnerhollen künnt, ik glöf, de harn nich mehr mit mi räd't.

Ik bün neulich in Ückermünn' wäst zur Kreisdelegiertenkonferenz, un dor sech ik natürlich 'n por Sätze up platt. Un ik bün in Nibramborg (Neubrandenburg) wäst, dor mak ik dat ok. Schon deshalb, dormit de Lüd marken, ik komm dor baben her. Ik heff ümmer den Eindruck, se hören dat gern. Ob dat nu bi uns oder woanners is, wo ik kann, wend ik Plattdütsch an.

Renate Herrmann-Winter: Dat geef œwer doch bi uns 'ne Tiet, dor wiern de Mundorden offiziell gor nich gaut ankäken. Worüm wier dat so?

Harry Tisch: Na fümunfierdig harn de Arbeiter un Buern väl to lihren. Dorto keem, dat uk Lüd ut annere Gegenden in unse Dörper keemen, de nich Plattdütsch künnen, un dorut hett sich einfach ergäben, dat wi uns up hochdütsch unnerhollen müßten. Oewer mihr un mihr zeigt sich doch, dat dat Plattdütsche so'n Gewinn hett und wat sihr Schönes is. Man möt sik ümmer wedder doran erinnern, un man möt dat uprecht hollen, weil dat 'ne Tradition hett.

Renate Herrmann-Winter: Hüt gifft dat väl kulturelle Aktivitäten för Plattdütsch. Glöben Se, dat de wat bewirken? Hett Plattdütsch 'ne Taukunft?

Harry Tisch: Ik bün einglich sehr froh, dat man sich hüt wedder mehr mit Plattdütsch befaten deet. Wi hemm' de plattdütschen Leedermakers, de »Plattföt« un wie se all heeten don, dat gifft Theaterstücke un väl plattdütsche Literatur. Ik denk, dat helpt sicher, dat de Lüd sich wedder mehr de plattdütsche Sprak aneignen. Denn Plattdütsch is ja nich bloß 'n Dialekt. Dat is 'ne Sprak, de 'ne grote Vergangenheit hatt hett, un wenn de nu 'n bäten pläächt ward, denn ward se woll ok noch 'ne Taukunft hemm'. Bloß dor möten weck dor sind, de sik dormit beschäftigen. Un man möcht sich wünschen, dat wedder väl Lüd ok in den Familien platt spräken don. Ik räd mit de Fru af un an noch 'n bäten un mit mien Schwägerin. Oewer in Heinrichswall kœnen de Kinner hüt nich mehr Plattdütsch, un de möten wedder dormit anfangen.

Renate Herrmann-Winter: Kœnen Se up platt alles seggen, oder bruken Se Platt bloß för den privaten Klœnschnack un Hochdütsch för de grote Politik?

Harry Tisch: Nee, dat geht ineinanner œwer. Man kann alles up plattdütsch seggen, ok jeden politischen Satz. Bloß in bestimmte Situationen mütt man natürlich hochdütsch räden. Väle Würd, de wi hüt nu dörch de wissenschaftlich-technische Revolution hemm', de laten sich ja œwerhaupt nich up platt utdrücken. Wie wist du CAD/CAM up plattdütsch seggen? Un wat maken wi mit Computer un Roboter? Viellicht is dat mœglich, dat ji as Wissenschaftler versöcht, dat ümtosetten un niege Utdrücke to erfinnen, œwer ik weet nich, ob dat gahn deet.

Renate Herrmann-Winter: Worüm räden Se in manche Situationen oder mit bestimmte Lüd leiwer plattdütsch as hochdütsch?

Harry Tisch: Ik möt seggen, ik räd gern plattdütsch, un dat makt mi hüt ok richtig Spaß. Irgendwie is dor mehr Gefäuhl mit bi. Un denn brukst du jo nich so väl œwerleggen, wi dat mit »mi« un »mich« is. Dörch Platt kricht man 'n ganz annern Kontakt mit de Lüd. Du kannst maken, wat du wisst: De plattdütsche Sprak helpt œwer Grabens hinweg. Ik räd to'n Beispill mit mien Kollegen ut de BRD, Ernst Breit, dat is'n Dithmarschen, ok platt. Dat is för uns beid 'ne Freud, wenn wi uns plattdütsch unnerhollen kœnen, trotzdem wi grundsätzliche politische Meinungsverschiedenheiten hemm'. Manchmal sünd Kollegen dorbi, un de denken, wi räden beid platt, damit de annern dat nich verstahn sollen, wat wi seggen. Ik räd ok mit de ümmer platt, von de ik weiten do, dat se dat gern hemm'. Dorto gehört uk Bernhard Quandt ut Schwerin, de, so wie ik hürt heff, Bekannter von uns beid is. Un wenn man ümmer secht, dat wi stur sünd, de Mäkelborger oder de Pommern, dat stimmt nich. Wi dragen uns Herz nich so sehr up de Tung', œwer de Wohrheit is: Wenn du'n Mäkelborger as Fründ hest, un du hest em fest, denn hest' em för dien Läben.

Renate Herrmann-Winter: Dat Platt, wat Se as Kind lihrt hemm' un hüt noch räden, unnerscheid't sich von dat mäkelborg-vörpommersche Platt an de Küst. Wecke Ort Platt geföllt Se bäder?

Harry Tisch: Ik heff de Ünnerscheede in Platt früh kennen-
lehrt. Heinrichswall leech in dat sogenannte Dreelländer-
eck. Dat weern dree Dörper, de legen gor nich wiet utenanner, œwer de hemm' in jedet Dörp anners räd't. Heinrichswall weer vorpommersch, Gehren weer mäkel-
borgsch, un Niegensunn' (Neuensund) weer Uckermark.
Wi hemm »Perd« secht, un de in Gehren sechten »Pierd«,
un de Niegensunner harn den uckermarkschen Inschlag.
Plattdütsch is 'ne Sprak, de väle Nuancen hett. Ik bün
ümmer bi de Sprak bläben, de ik as Kind lihrt heff, un de
war' ik ok nie vergeten. De anner künn ik gor nich räden.
Oewer wenn ik ehrlich bün, mütt ik seggen, dat mi dat mä-
kelborgsche Platt bäder geföllt. Dat is von'n Klang her
schöner, ik find dat angenehmer. De Mäkelborger hemm'
uns' Platt jo as Ückermünner »Kohnschipperplatt« ver-
spott', œwer viellicht is doch bäten wat dran. Je neger du
rankümmst an dat eignliche Ursprungsland von unsem
Platt, na Neddersachsen hen, je reiner un schöner is de
Klang von de Sprak.

Renate Herrmann-Winter: Gifft dat 'n plattdütsches Sprich-
wurd, dat Se besonners giern hemm'?

Harry Tisch: Dicht bi de School in Heinrichswall, an de Mur
von'n Friedhoff, dor stünn 'n Utspruch an, den heff ik as
Kind ümmer wedder läst, un den war ik nie vergäten. Hüt
noch kannst mi nachts anstöten, un ik sech di dat utwennig up. Ik sech em nu up platt, de stünn dor aber hochdütsch an un is, glöf ik, von Herder: »Jede Arbeit un jede
Handlung sast du in den Globen un in de Erkenntnis don,
dat du dat deest för dien Volk, dien Vaterland un för di
sülben«.

Joachim Piatkowski

Geboren 1954 in Rostock,
Facharzt für Neurologie
und Psychiatrie,
wohnt in Rostock.

*Arbeiten makt Spaß,
œwer wi kœnen keenen
Spaß verdrägen.*

Wolfgang Rieck

Geboren 1953 in Rostock,
Diplomingenieur für
Elektronik,
freischaffend.

Wer schrifft, de blifft.

Herrmann-Winter: Meine Herren, Sie singen und machen seit gut einem Jahrzehnt mit großem Erfolg plattdeutsche Lieder. Was waren Ihre Motive? Wollten Sie unserem heimischen Idiom musikalisch zum Durchbruch verhelfen, oder sahen Sie eine Marktlücke, die sich möglicherweise wirksam ausfüllen ließ?

Piatkowski: Wir haben angefangen, plattdeutsch zu singen, als noch gar nicht abzusehen war, daß die Mundarten einen solchen Auftrieb erfahren würden. 1975 haben Wolfgang und ich unser erstes Konzert gemacht, noch ganz ohne plattdeutsche Lieder. Die waren aber bald nach 1977 im Programm.

Rieck: Und der Auslöser war Dr. Theil, damals Dramaturg am Rostocker Theater. Er hat uns über einen Freund die Anregung gegeben, es doch mal mit plattdeutschen Liedern zu versuchen. Wir hatten aber zuerst gar keine rechte

Neigung dazu, weil »Herrn Pastur sien Kauh« un »Dat Du mien Leewsten büst« doch nicht so ganz unsere Richtung waren, auch nicht von der Musik her und den Interpretationen, die wir kannten.

Piatkowski: Wir hatten andere musikalische Interessen, diese Art Musik war uns nicht so sympathisch, sicherlich auch interessant und wichtig, aber doch nicht unsere Sache. Aber als wir die erste Platte von Helmut Debus hörten, waren wir sehr überrascht, was man alles mit Plattdeutsch machen kann. Seine Musik und seine Sprache haben uns große Impulse gegeben. Wir merkten, daß es eigentlich genau das war, was wir auch wollten. Und dann fingen wir an, uns ernsthaft und intensiv um Plattdeutsch zu bemühen.

Herrmann-Winter: Sind Sie eigentlich in Ihrem Elternhaus mit Platt groß geworden?

Piatkowski: Meine Eltern sind keine Plattdeutschen. Mein Vater ist Schlesier, und meine Mutter stammt aus dem Fläming. Als ich ein Jahr alt war, zogen sie nach Rostock. Platt hörte ich zuerst von einer Frau aus unserem Haus. Zu ihr ging ich oft, wenn ich aus der Schule kam. Sie redete mit ihrem Mann nur plattdeutsch. Dadurch wurde mir der Klang dieser Sprache früh vertraut, und ich konnte sie verstehen. An das Sprechen haben wir uns erst langsam herangetastet, als wir uns mit Plattdeutsch beschäftigten. Man kannte natürlich schon einzelne Wörter und Wendungen, wie »mak de Dör tau« oder »so'n Schiet« oder »du hest de Büxen vull«, auch einige Sprichwörter. Auf der Schule hatten wir noch ein paar Lehrer, die plattdeutsch sprachen, aber nicht mit uns, wir merkten es nur daran, daß sie ein bißchen mehr Gemütlichkeit und Warmherzigkeit ausstrahlten.

Ich habe dann versucht, mit dem Lesen anzufangen, hatte aber mein Tun mit dieser zweibändigen Hinstorff-Ausgabe von Brinckman, die Schreibweise war so schwierig, klar wurde es mir erst durchs Aussprechen! Überhaupt ist das meiste später hängengeblieben durch den täglichen Umgang.

Rieck: Mein Vater ist ein waschechter Rostocker, und meine Mutter stammt aus Sievershagen, Richtung Doberan. Sie sprachen beide platt und sprechen es noch heute. Allerdings nicht mit uns, nicht mit den Kindern. Ich glaube nicht, daß es bewußt geschah. Vielleicht gehört es zur Erziehung, daß man mit den Kindern die Sprache spricht, die dann auch in der Schule gesprochen wird. Hochdeutsch war das Neue, und das sollten die Kinder lernen. Weil sich meine Eltern fast ausschließlich platt unterhielten, konnten wir natürlich alles verstehen. Aktiv zu sprechen fing auch ich erst an, als wir uns mit plattdeutschen Liedern befaßten. Heute versuche ich nun, mit meinen Eltern immer plattdeutsch zu sprechen, um meinen Wortschatz zu erweitern und eine gewisse Geläufigkeit zu erlangen. Und sie sind darüber nicht erstaunt, sie sprechen jetzt so selbstverständlich platt mit mir wie in meiner Kinderzeit hochdeutsch. Ich glaube aber, daß mein Platt auch noch durch das Hamburgische und Schleswig-Holsteinische beeinflußt ist. Man darf den Einfluß der Medien nicht unterschätzen. Ich ertappe mich oft beim Schreiben von Texten dabei.

Herrmann-Winter: Glauben Sie, daß man Plattdeutsch wie eine Fremdsprache erlernen kann?

Piatkowski: Ja, ganz bestimmt. Ich habe in Rostock in der Volkshochschule eine Zeit lang einen Plattdeutsch-Kurs besucht. Nun ist es ja so, daß ich hier oben aufgewachsen bin, auch mit dieser Mentalität vertraut bin und von daher den Zugang habe. Ich ärgere mich aber immer über das weitverbreitete Urteil: Wer Fehler beim Plattsprechen macht, und seien sie noch so klein, ist »keinen Plattdütschen« und »unnen dörch«. Dann hat Plattdeutsch keine Chance, wenn man es nicht lernen und, ebenso wie in jeder anderen fremden Sprache auch, Fehler machen kann. Für mich war der Volkshochschulkursus ein Gewinn.

Wenn einer Platt vermitteln kann, dann kommt es gut rüber.

Herrmann-Winter: Joachim Piatkowski, spielt Plattdeutsch in Ihrer beruflichen Tätigkeit als Psychiater und Neurologe eine Rolle?

Piatkowski: Ja, mit bestimmten Patienten rede ich plattdeutsch. Oft fange ich damit an, um über Alltägliches ins Gespräch zu kommen und einen Kontakt herzustellen. Ich erinnere mich, daß ich in der Klinik eine völlig verängstigte Frau nur beruhigen und ihr Vertrauen gewinnen konnte, indem ich platt mit ihr sprach. Und so etwas ist kein Einzelfall. Ich steige aber sofort aus dem Plattdeutschen aus, wenn es sich um Fachliches handelt. Da gehen dann manchmal Hoch und Platt durcheinander, weil es von den Patienten so angeboten wird. Heute schämt sich ja keiner mehr, plattdeutsch zu sprechen, weil er nicht fürchten muß, sich damit sozial zu diskriminieren, heute ist es ja eher vorteilhaft und »in«, ein bißchen Plattdeutsch zu können. Staatliche Leiter profitieren sicherlich manchmal davon.

Herrmann-Winter: Welche Wirkungen des Plattdeutschen sind für Ihre Arbeit, Wolfgang Rieck, am wichtigsten? Ist Platt auch eine musikalische Sprache?

Rieck: Plattdeutsch hilft mir im Alltag, gegenüber Fremden eine gewisse Reserviertheit abzubauen. Und dann stellt sich heraus, daß der als so schweigsam und kurz angebunden geltende Mecklenburger oder Norddeutsche sich offenbaren und sehr mitteilsam sein kann. Und wenn wir singen, ist da durchs Plattdeutsche auch eine besondere Vertrautheit und Nähe zwischen dem Publikum und uns. Vom Klang her steht Plattdeutsch ja so ein bißchen zwischen Deutsch und Englisch, denke ich intuitiv, begründen kann ich's nicht. Deshalb glaube ich, daß Plattdeutsch musikalischer ist als Hochdeutsch. Weil es weniger Ecken und Kanten hat.

Herrmann-Winter: Sie haben sich dem plattdeutschen Lied ja fast aus einer gewissen Antihaltung heraus genähert, wollten alte, beliebte plattdeutsche Volkslieder nicht zu Schlagern machen und beweisen, daß sich Plattdeutsch nicht nur für vordergründig komische Inhalte eignet. Inzwischen haben Sie vielen alten und neuen, ernsten und heiteren plattdeutschen Liedern musikalisch und sprachlich Ihr eigenes Gepräge gegeben. Können Sie sagen, wie Ihre plattdeutschen Liedtexte entstehen?

Rieck: Das ist im Prinzip das gleiche wie bei unseren hochdeutschen Kollegen. Man braucht eine poetische Idee, und um die herum versucht man, einen Text aufzubauen. Dabei gehe ich nicht unbedingt vom Hochdeutschen aus. Irgendwie entspringt der Kern schon einer gewissen plattdeutschen Gedankenwelt, ohne daß ich zu behaupten wage, daß ich plattdeutsch denke. Ich habe darüber aber auch noch nicht nachgedacht.

Piatkowski: Die Versuche, mit eigenen Worten und in unserer Denkart etwas zu beschreiben, waren für uns Neuland, und wir haben uns mühsam eingearbeitet. Wir suchen Themen plattdeutsch zu fassen, die uns interessieren und uns im Leben und in der Literatur begegnen. Es sind Lieder, die unsere eigene Situation reflektieren oder Geschichten und Schicksale anderer Menschen, auch Gedanken, die durch künstlerische Werke, z.B. Plastiken von Barlach, angeregt sind. Und auch bei mir ist das so ein Mischmasch zwischen hoch- und plattdeutschem Denken, wobei ich mir nie sicher bin, ob das, was ich schreibe, auch sprachlich paßt. Zum Glück haben wir da gute Partner an Lisa Milbret und Klaus Meyer, die die Texte kritisch durchsehen. In den letzten Jahren haben wir unsere Texte, auch die für unsere zweite Platte, doch weitgehend allein geschrieben, weil Zusammenarbeit schwierig ist, wenn generationsbedingte Anschauungen aufeinander stoßen.

Rieck: Wir haben in unser Programm jetzt auch einen Sprechteil eingebaut mit der Überschrift »Seggen de

Lüd«. Die Idee, Sprichwörter einzubauen, ihren Gehalt in Zweifel zu ziehen, zu verallgemeinern oder einzuschränken, kam von Erna Taege-Röhnisch. Ich habe danach eine Menge plattdeutsche Redensarten und Sprichwörter entdeckt, in denen man heutige menschliche Verhaltensweisen wiederfinden kann. Ich glaube, durch solche Verallgemeinerungen können unsere Zuhörer das auch besser auf ihre eigenen Schwächen beziehen.

– Äten und Drinken höllt Lief un Seel tosamen, seggen de Lüd. Dat glöf ik nich, säd de Smeerbuck, ik gah ok utenanner.

– Eigenloff stinkt, seggen de Lüd. Ik heff'n Snuppen, secht de Man un kiekt sik de Zeitung an.

– Wer schrifft, de blifft, seggen de Lüd. Oewer dat möt ok druckt warden, meent de Schriftsteller.

– För Geld kann man den Düwel danzen seihn, seggen de Lüd. Un för Dollars den Herrgott? fröcht dat Volk.

– Wer toletzt lacht, lacht an'n besten, seggen de Lüd. Wenn'k denn noch lachen kann, œwerlecht de Suldat.

– Lewer dot as Slaaf, seggen de Lüd. Man gaut, dat mien Pierd nicks dorvon weet, secht de Bur.

– Wenn de Bramwien in de Minschen is, is de Verstand in de Buddel, seggen de Lüd. Jo, meent de Supkopp, denn will ik man glieks den letzten Druppen utdrinken.

Piatkowski: Ich glaube, man kann in solchen plattdeutschen Sätzen sogar ein Stück norddeutsche Mentalität wiedergeben. Die Emotionalität, die im Plattdeutschen verwurzelt ist, ist aber nicht wein- oder rührselig, sondern eher 'n bäten drööch, mit einem Schuß schwarzem Humor. Natürlich wollen wir in unseren Texten auch Drastisches und Komisches haben, unbedingt. Aber ich denke, es ist einfach schade, wenn man sich im Plattdeutschen nur noch im flachen Wasser aufhält, weil die Sprache ja eigentlich mehr kann. Es hängt nur immer von der Fähigkeit des

Schreibenden ab, mit dem Plattdeutschen richtig umzugehen. Neue Termini und technische Begriffe brauchen wir
nicht, weil die ohnehin unpoetisch und ungeeignet sind
für unsere Lieder. Wir müssen nach Bildern und Vergleichen suchen, die originell und tiefgründig sind.

Herrmann-Winter: Verändern Sie plattdeutsche Texte, die
Sie von anderen Autoren übernehmen? Soll Ihre Sprache
überregional sein?

Rieck: Wir verändern eigentlich nur, wenn wir glauben, daß
es Verständnisschwierigkeiten gibt. Texte von Erna
Taege-Röhnisch belassen wir so, auch wenn es ein anderes Platt ist. Unsere eigenen Lieder schreiben wir in Rostocker Platt.

Herrmann-Winter: Was wollen Sie mit Ihren Liedern errei-
chen, und wen wollen Sie ansprechen?

Piatkowski: Unsere Lieder sollen sich nicht nur an einen spe-
ziellen Interessentenkreis wenden. Es sind Lieder, die wir
für wichtig halten und die wir vor den unterschiedlichsten
Leuten spielen. Natürlich können wir variieren und uns
anpassen. Aber wenn die Lieder entstehen, denken wir
nicht an eine bestimmte Zielgruppe. Es sind Lieder, die
uns Spaß machen. Wir spielen vor unterschiedlichstem
Publikum, vor ganz jungen Leuten in Jugend- und Stu-
dentenklubs, vor älteren Leuten, auch in Altersheimen,
vor Leuten im sogenannten besten und mittleren Alter.
Auch die soziale Schichtung ist sehr bunt. Wenn wir auf
dem Land spielen, sind die Reaktionen oftmals ganz direkt, und das macht uns riesigen Spaß. Bei den Rentnern
klappt es, weil wir in ihrer Sprache singen, bei den Jungen
kommen wir an, weil wir mit neueren und geschichtlichen
Themen aktuelle Bezugspunkte herstellen und neugierig
machen. Auf keinen Fall wollen wir das Publikum beleh-
ren, wir wollen wirklich unterhalten, indem wir singen
und Geschichten erzählen. Und ich finde, es ist schon
viel, wenn man erreicht, daß man Leute anspricht, sie
vielleicht auch betroffen macht. Die einen interessieren

sich mehr für die Musik und wollen da auf ihre Kosten kommen, andere denken vielleicht über Textinhalte nach, und wieder andere wollen beim Plattdeutschen auch mal herzhaft lachen. Wir versuchen eben, da eine Mischung zu schaffen. Und das Konzept geht eigentlich immer auf.

Rieck: Wir haben mit Plattdeutsch nie Verständnisschwierigkeiten gehabt. Wir haben in Sachsen und Thüringen, in Bayern und Hessen gespielt, und die Inhalte wurden immer erfaßt, auch wenn vielleicht nicht jedes Wort, nicht jede Nuance verstanden wurde. Noch nie sind Leute nach der Vorstellung gekommen und haben gesagt, sie hätten nichts verstanden.

Herrmann-Winter: Ihr Liedrepertoire umfaßt heute – bis auf die Kinderlieder – fast ausschließlich plattdeutsche Texte. Glauben Sie, daß Plattdeutsch eine Zukunft hat?

Rieck: Also, ganz ehrlich, ich glaube nicht so recht an eine Zukunft des Plattdeutschen. Der Gebrauch nimmt immer mehr ab durch die Vermischung mit Bevölkerungsgruppen, die nicht aus dem plattdeutschen Sprachraum kommen. In ländlichen Gebieten oder abgelegenen Fischerdörfern ist Plattdeutsch heute noch tägliche Umgangssprache. Mir scheint aber, die Zukunft des Niederdeutschen ist seine Existenz als Kultursprache. Das ist vielleicht pessimistisch. Aber ich glaube, die Entwicklung läßt sich auch nicht durch künstlerische Förderung aufhalten, es muß gesprochen werden, um lebensfähig zu sein. Und das geschieht heute im Prinzip nur noch in Großbetrieben wie den Werften und in ländlichen Gebieten.

Jo Jastram   Geboren 1928 in Rostock,
Bildhauer,
Professor an der
Kunsthochschule Berlin,
lebt in Kneese, Kreis
Ribnitz-Darmgarten.

*Wat den einen sien Ul,
is den annern siene
Nachtigall.*

Herrmann-Winter: Jo Jastram, Se sünd von Rostock na Knees treckt, von wägen dat Se mihr Rauh un Tiet för Se ehr Arbeit hemm'. Wurans is dat nu kamen?

Jastram: Ja, dat ward hier nu doch frequentiert, wie man hochdütsch seggen deit. De Lüd kamen hier väl, œwer nich üm to kieken, mihr wägen se nielich sünd un weiten willen, wat geiht hier vör. De Mäkelborger is ja nielich. Dor gifft' väl, wat he nich kennen deet un wovon he meint, 't wier bäder, wenn he't weiten dee. Un denn kiekt he mal, wie maken de dat hier ünnen mit de Böm, un dat de nu keen Tüffel planten, un dat se mit de Blaumen so väl rümtüdeln, dat is ja man schon narsch. Worüm se de woll bloß nich verköpen? Dor gifft' doch väl Geld för! Un de Schœp, na ja, dat is ja woll wohr, de helpen ja ganz gaut, denn brukt he nich so väl mit Rasen meigen. De Buern weiten so langsam, wat hier is. Oewer denn kriegen se Besök. Sünnabend, Sünndach geiht dat los. Un denn kümmt ok noch Besuch ut'n Westen. De sitten nu bi'n Kauken nahmiddachs, so Klock vier, half fief. Un denn hemm' se ok 'n Lütten drunken, un denn, ja, wat maken wi nu mit den Westbesuch. Kauhstall hemm' wi all vörwiest, de Kauh is man ganz schön un ganz schön dick, un för so'n Ossen gifft' dusend Mark, dat helpt ja all mit. Oewer wat maken wi nu! In Sült (Sülze) is ok nich väl los, un

Marlow is ok nich anners worden, ach, ik weit. Dor ünner is doch de Bildhauer, dor führen wi eis hen. Un denn rin in den ollen Ford Taunus, oder wat nu gra' dor is, un denn düsen de hier an. Un denn stahn se an'n Tun un ropen: »He, hallo, Jo, büst du dor?« – »Ja«, sech ik, »ik weit, du hest Besök, du wist em dat mal vörwiesen, wat hier so all passiert in disse Gägend.« – »Ja, nu sei man nich bös, wi blieben ok nich lang, Kaffee hemm' wi all drunken. Hest nich 'n Lütten dor?« – »Ja«, sech ik, »'n Lütten heff ik ok dor«. – »Jo, früher wiern de ja öfter hier, œwer dor wier dat noch 'n Buernhoff, un dor wier dat jo all ganz anners. Nu will ik se doch mal vörwiesen, wie dat bi di worden is.« Un denn ward hier marschiert, denn ward besichtigt mit grote Ogen. »Oh, jo, süht jo nu ut as in Wörlitz!« Un denn geiht dat ok vörbi.

Un de annern, de hier kamen, dat sünd de, de hier arbeiten, Traktoristen. Wenn de nu Frühstück maken, un se sünd hier in de Neechte, denn kamen se mit ehren Brotbüdel un bäten Kaffee an, un setten sik bi mi up'n Tun oder up'n Holt, un denn ward lütt bäten verteillt.

Oder de Kurgäst ut Bad Sült, de kamen ok. Dat hett sik rümspraken. In Sült is nu würklich nicks los, Kurcafé is bald afäten, un denn kamen se an. Drei Kilometer to Faut, un denn stahn se hier, 'ne ganze Reich anne Mur lang, un kieken, wat makt dei hier. Ik möt manchmal uppassen, dat ik nich ehr Köpp twischen Hamer un Meißel krich, de sünd so nielich, wenn'k tauhau, denn hau ik se de Uhren af.

Herrmann-Winter: Mit de Lüd in Knees räden Se bloß platt, wo hemm' Se dat lihrt?

Jastram: Ik bün einglich hochdütsch upwussen. Mien Vadder is Lihrer wäst in Rostock an'er Augusten-Schaul, un mien Mudder is Schaulratsdochter ut Lübtheen. De Ahnen von mien Mudder, de kamen ut'n Rheinland, so dat sik dat lütt bäten mischt hett dor in Lübtheen. Oewer mien Vadder is'n Buernsœhn wäst ut'e Ludwigsluster Gä-

gend, ut de Griese Gägend, wie Gillhoffen secht. Inne groten Ferien is mien Vadder mit uns ümmer up't Land führt, un dor wür' nu mit de Kinner spält, un de künnen bloß Platt. Dor heff ik dat woll so lütt bäten lihrt. As wi grötter wiern, müßten wi jo arbeiten up'm Acker un in de Wischen mit de Käuh, morgens Klock vier güng dat los. Bet se all satt wiern, bin ik buten bläben un heff se denn so Klock elben, half twölben wedder na Hus bröcht. Dor heff ik nich väl to verklœnen hat, œwer abends güng dat los, un dor heff ik dat meist woll mitkrägen von den Platt. Dat güng woll teiden Johr so, un einiglich is dat mihr so'n Ferienplatt worden.

Herrmann-Winter: In Rostock, to Hus un inne Schaul, geef dat don bloß Hochdütsch?

Jastram: De Öllern hemm' bloß platt snackt, wenn de Verwandten eis kemen, un denn heff ik spitze Uhren krägen un heff tauhürt. Wi wahnten in so'ne Gägend in Rostock, dor wahnten Lihrers, Oberpostsekretäre un so Lüd von'n Gericht, dor wür nich väl platt snackt! Inne Oltstadt, dor wier dat noch anners, Kosfelderstrat un Snickmannstrat dor ünner. Dor hemm' wi uns as Jungs väl rümprügelt, un ik wier meist so'ne Ort Dolmetscher, denn de räd'ten dor noch mihr platt. För mi wier dat Wesseln von platt in hoch ganz selbstverständlich, ik heff mi dor gor nich väl anstrengen müßt. Dat har'k jo so kennenlihrt. Wenn ik ut'n Toch utstiegen dee, up den Kutschwagen von mienen Unkel, denn wür' platt, un wenn ik von den Kutschwagen wedder runnekeem, denn wür' wedder hoch. Inne Schaul is Platt gor nich Mod wäst, nich inne Sankt-Georg-Schaul un natürlich nich up't Gymnasium.

Herrmann-Winter: Wurans is dat mit plattdütsche Literatur wäst, hemm' Se as Jung' schon Reuter läst?

Jastram: As Jung' weniger, dat is späder kamen, einiglich ierst na'n Krieg, denn mit sössteihn müßt ik bi de Soldaten. Dun harn wi ganz wat anners in'n Kopp as Platt. As wi denn wedder toröchkemen, heff ik mi mit Reuter beschäftigt. Leider möt ik seggen, is dat mit Brinckman väl to lat kamen. Wat mi angeiht, is mi einglich de Brinckman neger as Reuter. Ik mak jo nu den Brinckman-Brunnen för Rostock, mit den »Kasper-Ohm«, un dat is mi so'ne swienplietsche Figur worden, de he'k so verdammt giern krägen. Dörchsichtig is hei mi nich richtig worden, œwer hei is ja ok woll nich so dörchsichtig meint. Dor is Brinckman mi ganz nah kamen, möt ik seggen, ik mag em gaut lieden.

Un denn geef't natürlich ok Tarnow mit siene Mäkelbörgschen Gedichte. Bloß dei wiern in uns Familie nich so goot anschräben. Tarnow, de har't jo ümmer mit de Lihrers, un mien Vadder, de wier jo nu Lihrer, un mien Großvadder, de wier Schaulrat. Köster Klickermann mit sien' mecklenburgischen Globus un mit siene sœben Sinnen, dat wier nich so ganz de Fall in miene Familie, so dat ik Tarnow einglich mihr heimlich läsen müßt. Naher heff ik Fritz Meyer kennenlihrt, mit den heff ik väl tosamensäten un heff em Geschichten vertellt, de mi ok in'n Hochdütschen passiert sind. Meyer hett väl plattdütsch upschräben von den, wat ik em vertellt heff, von mien' Bootsmann Jule un siene Vertellungen un so wieder. Hei wier jo Dichter, ik bün ja man bloß Bildhauer, un he hett dat ganz fien torechtschräben, glöf ik.

Herrmann-Winter: Künn man disse Geschichten bäder up platt vertellen as in hoch?

Jastram: Wat mi so paßrecht vörkümmt, is, dat de Inhalt mit de Sprak tohopgeiht. Dat man nich seggen kann, hier ward de Inhalt, de irgendwo up de Welt ok passiern kann, nu naher in platt vertellt. De Minschen, de Meyer-Scharffenberg vörstellt, de sünd von hier, un dorvon kümmt dat woll, dat de Sprak to de Lüd paßt. Un de Saken, de so passieren, de sünd ok woanners so nich denkbor. Dorüm stimmt dat woll, wat wi so seggen mit den Inhalt un de olle Form un den Kram. Mi geiht dat dor tohop. Meyer hett dat jo versöcht mit de Oewersettung von Reuter in't

Hochdütsche. So ganz plietsch un sympathisch kümmt mi dat nich vör. Ik glöf, dor ward utenannernahmen, wat von de Sak her tosamenhürt.

Herrmann-Winter: Hürt dor Plattdütsch mit tau, wenn Se an Heimat denken?

Jastram: Ik mein, ja. Nu is ja Heimat so'ne Sak, wo man ok nadenken mütt, wat is dor einglich von bläben, un dat gifft Lüd, de seggen, ik bün œwerall to Hus. Dat kann ik för mi nich seggen. Ik bün an sich so'n Platzhirsch. Ik reis nich giern und bün nich giern unnerwägens. Uns Heimatgefäuhl, dat hängt dormit tosamen, dat wi Minschen sünd, de 'ne ganz bestimmte Binnung hemm' an dat, wat Landschaft is un Bewäglichkeit, un an de Ort von de, de hier eis to läben un to räden anfungen hemm'. Wi hemm' uns dor nu ok mit inschutert, un nu sünd wi ok woll so bläben. Un dat hett ok mit de Ort to daun, wie wi hier to Faut gahn un dat wi so wiet kieken kœnen un dat wi väl Tiet bruken, bet wi dat anner End ok biläft hemm'. Dat Land is grot, dat Bein is lütt bäten schwer un is nich so flink wie in Erfurt viellicht oder in Dresden besonders, un de Mäkelbörger hett Tiet. In Thüringen is mi dat bi de ganzen Bargen ümmer to schnell to Enn'.

Herrmann-Winter: Is wat von disse mäkelbörgsche Heimat, sünd Landschaft un Mentalität weddertofinnen in Se ehre Figuren un Reliefs?

Jastram: Ierstmal is dat so. Ut einen Minschen, de nu 'n Bauk schrieben oder 'ne Figur maken deet, so as ik dat dau, kümmt nicks anners rute, as sowieso in em in is. Wenn wi dat so seihn, denn kann lütt bäten dorvon rutekamen, dat ik nu von hier kam, 'n Küstenminschen, 'n Nordminschen bin, un dat ik platt spräken dau mit de Lüd hier, dat kann dorbi 'n lütt bäten mitspälen. Oewer nu Landschaft un Sprak und de Norddeutsche Geschichte bi mi to finnen, dat föllt verdammt schwer, un dat is woll ok de Sak nich. De Motiven sünd jo sogar anners. Oewer von dat Grundgefäuhl kann dor lütt bäten wat mitgahn. Uns

Lüd, von Goethen bet wer weit wohen, de sünd œwer den Barch maschiert un hemm' dorna käken, wat achter up'e anner Siet los is. Ik kann dat ganz gaut verstahn, mi interessieren ok de Italiener mihr as de Lüd, de hier arbeiten. Bloß dorvon war' ik mi jo nich los! So wull ik meinen, dat is woll ümmer so, dat dor so'ne Spannung in is von de Saken, de man nich so hett, un de Saken, mit de man sülben nauch to daun hett. Un dorvon kümmt dat woll, dat dor so'n ganz kompliziertes Gebilde bi rutekümmt. Wat de Landschaft angeiht, dorvon kann sogar wat to finnen sien. Ik mein, dat miene Reliefs wat Norddütsches in ehre Bewäglichkeit hemm'. Un dorvon läf ik ok hier. Dat sind so, wie sall ik seggen, Grundmoränenflächen. Dat is œwer woll ok dat einzigst, denn thematisch heff ik jo, wat von hier baben kümmt, bloß den Brinckman makt.

Herrmann-Winter: Kann man mit Platt hüt noch alles utdrükken un œwer alles räden? Is Plattdütsch 'ne Sprak oder bloß 'ne Mundort?

Jastram: Plattdütsch is 'ne Sprak. Plattdütsch is 'ne Sprak, de väle Mundorden hett, so wür' ik seggen. De Berliner hüren jo nich giern, dat man dor, seggen wi vörsichtig nich vör sœmhunnertföftig, sonnern vör sœmhunnertdreiunföftig Johren, ok platt spraken hett. Oewer wi weiten ja, dat Platt spraken ward in Hamburg, un Platt ward ok spraken in Schleswig, un Platt würd ok spraken, mientwägen in Stettin. Und dat is all lütt bäten verschieden. Dat sünd Mundorden woll von eine Sprak. Sächsisch, würd ik seggen, is ok 'ne Sprak, Thüringisch 'ne Mundort. De Niedersachsen hemm' all lütt bäten na hier hochtransportiert, as de Sachsen bet na England marschiert sünd. Dor kann ik mi vörstellen, dat dor 'ne Wöddel licht, de mit de Sprak wat to daun hett. Ik glöf, dat Sprak kein Erfinnung is; 'ne Sprak, dat is wie so'n Minschen, de hett so ehr Wassen, un irgendwie kümmt wat torecht, un denn ward dat immer dichter, un denn warden de Tieden anners. Un man möt sik ja œwer de Tieden ok verstännigen, un man möt sik

wat utdenken, wie man dat makt. Nu hett sik de Welt woll
'n lütt bäten schneller entwickelt, as de Sprak sik entwik-
keln künn, wägen se ok nich mihr so pläächt worden is.
Un nu gifft dat 'ne ganze Menge Saken, de dem Plattdütschen weglopen sünd. Dat mein ik schon. Dor gifft't woll
ok Oewersettungen. Oewer man weit ja nu nich, wenn man
nu secht, nu kieken wi abends »Fiernsehen«, is dat nu
bäder oder is ›Televischion‹ bäder. Wohrschienlich is et
bäder, wenn wi dei Dinge, de uns nu œwer't Hochdütsche bekannt worden sünd, ok hochdütsch verwennen un
nu nich mit Mäuh un Anstrengung dorför plattdütsche
Vokabeln utsöken. Wenn ik so räden dau, ik quäl mi dor
nich mit rümmer. Wenn ik »Radio« sech, denn hett dat
viellicht so'n Klang von Mäkelborg, œwer dit blifft eben
»Radio«, un is nich Platt. So mein ik, wi süllen denn man
den Kram so laten, as he is, denn hei is so grad schön
nauch, un hei ward nich bäder, wenn wi dor wat tauerfin-
nen.
   Wenn ik nu mientwägen mit mien' Studenten in Berlin
up platt œwer Kunst mi versöken wull, dat wür' gor nich
gahn. Un 'ne Vörläsung œwer »Figuren un Stadt« oder
»Figuren un Land« oder so, dat güng in platt nich. Oewer
man kann de Lüd, de nu so lütt bäten mihr weiten wullen,
de kann man dat ümschrieben. Man kann so'ne Ort Biller-
sprak insetten för dat, wat Begriffssprak is. Dat geiht.
Wenn man Biller sik utdenkt, de to ehr Gefäuhl passen,
un de ok to den passen, wat se so dörchmakt hemm'.
Hochdütsch wür' man seggen, wat se so Erfahrungen
hemm', denn geiht dat. Oewer Wissenschaftlichkeit im
Sinne von – wie seggen de Hochdütschen – von abstrakt,
dat geiht nich.
Herrmann-Winter: Nu ward hüt Platt ja wedder lihrt, ok von
de ut'n Süden, de hier baben läben don. Kümmt dor wat
bi rut?
Jastram: Wenn dat 'ne Sprak is, dann wür' ik seggen, kann
man de lihren, wie man Vokabeln lihren kann un wie man

40

ok Grammatik lihren kann. Ik will Se wat vertellen. Ik wier in Dresden anne Schaul, 'n Studenten inne Plastik, un wenn wi so bi Fierdach un so Gedichte upseggen müßten, denn müßt ik dat ümmer. Ik wier in Russisch bäder as miene sächsischen Studenten, de har'n woll meinetwegen 'n anner Gedächtnis un viellicht ok sogor mihr Geschick to de Sprak, œwer de Klang hier von den Norddeutschen, de keem dem Russischen mihr entgägen as dat lütt bäten spitze Sächsisch. Wenn nu eis 'n Empfang wier, un dor keem so'n groten Russen ut'e Sowjetunion mit Billers, denn secht de Lihrer, dat makt hier uns Jastram, de makt dat ganz goot, de hett den Klang up. Wat will ik dormit seggen: Wenn ein' nu hier Mäkelbörgisch lihren will, de Sprak, dor gehürt 'n lütten Bodensatz tau. Dat is so'ne Farf in de Sprak. Un viellicht möt de Tung' ok so'ne Ort Krümmung hemm', dat dat man geiht. Wenn dat nich dor is, denn kann he twors Platt, œwer ik weit nich, ob dor 'n richtigen »Platten« ut ward. Ik glöf äben, dat de Mäkelbörger dat mit'n Französ'schen schwieriger hett oder nich so leicht wie mit'n Inglischen. So gifft dat bestimmte Verwandtschaften in de Sprak, de de Minschen dat einfacher makt, so'ne Sprak ok as Klanggebilde richtig to maken. Ik mark dat ümmer, wenn wi so'n Sachsen hemm', de nu hier giern is, un de meint nu, hei makt nu wat ganz Dulles un hei fängt nu an mit Platt. Den fählt mi dor ümmer de Farf, de nödig is. Un denn kümmt mi dat ümmer bäten grusig vör.

Herrmann-Winter: Sünd dat nu mihr worden, de hüt platt räden daun? Makt dat wat ut, dat de Mundorden nu wedder mihr to Anseihn kamen sünd, un ward Plattdütsch ok morgen noch brukt?

Jastram: Ja, dat weit ik nich. Ik heff dat Gefäuhl, dat de Sprak hier nu bi uns in'n Norden up'e ein Siet tau väl kitzelt ward. Mi kümmt dat so lütt bäten unnatürlich vör. Ik glöf œwer, dat dat lebendige Wöddeln gifft in disse Sprak un Möglichkeiten, Klänge, wür' ik sogor seggen, von de

dat schad' wier, wenn de tonicht güngen. Ik mein, man
süll sich so lütt bäten mit Bescheidenheit un mit Klauk
dormit beschäftigen, dat se noch läben blifft. Up'e Dur ge-
seihn glöf ik dor nich an. Wenn ik mi vörstell', dat se twei-
dusendsösshunnert in Knees noch platt spräken, dat föllt
mi schwer. To Hus, wenn de Kinner ut'e Schaul kamen un
an'n Disch sitten, spräken de Öllern hochdütsch. Wenn se
sik ok man dreist inne Arbeit platt vertellen, un wenn se
sik ehre ganzen Sorgen ok abends up platt in't Bett vertellen. So is dat woll früher all wäst, un so is dat hüt ümmer
noch. De jungen Lüd hemm' dorvon in de Familien gor
kein Gelägenheit, richtig Platt to lihren. Mit mienen Jung'
heff ik in de Tiet, as hei bi uns wier, väl versöcht, platt to
spräken, is bloß nich väl worden. Wenn de jungen Lüd
inne Lihr kamen, denn gahn se ut'n Dörp rut in de Stadt.
Un dor is ganz wenig Platt. Up'n Lann' in de Discherie, so
as hier in Marlow, dor kann de Meister noch Platt, un
wenn ik kam, denn freut he sik, dat wi œwer 'n Disch un
'n Stauhl platt spräken kœnen. Oewer mit siene Lihrlinge
räd't he hochdütsch. Un so blifft dat einglich in uns Gene-
ration hacken. Versäuken daun dat hier un dor sicher
noch weck, de dat von Hus noch mitbröcht hemm'. Oewer
dat Echo is man dünn. Wenn de Ansatz nich natürlich is,
denn ward dat sofort so'ne Pflegestützpunkt, un dor bün ik
so'n lütt bäten skeptisch. So'n Pflegestützpunkte, de gifft't
för Autos, för Spraken sünd se schlecht. Dat kann man
an'n Theater ok seihn. Wenn sik Lüd tosamendaun, de nu
mit plattdütsche Stücken, von de dat man ja ok wenig
gifft, vör allem wenig gauden, versöken, dat as Laienthea-
ter to maken, geiht dat gaut. So wie dat professionell warden deet, kricht dat sofort so wat Stelziges, un dat Platt is
ok meist denn nich mehr gaut.

Herrmann-Winter: Wenn de Mäkelbörger in't Vertellen
kümmt, denn halt he meistens ganz wiet ut, un denn löppt
dat so äben weg. Up'e anner Siet sünd se oft ganz kort
af.

Jastram: Ja, ik glöf, dat sind twei Sieden von eine Sak. Dat kümmt ganz up de Situation un uk up de Verfatung an. Ierst eis duert dat lang, bet de Maschin anlopen deet, un denn kümmt dat ganz up an, wecker is nu dor, damit de Maschin œwerhaupt anlopen deet. Dit gifft Lüd up'e Welt, wo 'n Mäkelbörger gor nich ierst anfängt. De secht, dat lohnt nich, oder wat sall ik hier. Un denn ward he mächtig kort. Oewer dat gifft Lüd, wo he sik gemäutlich fäuhlt, un wenn de Maschin eis löppt, denn is dat mit'n Dampafstellen gor nich so einfach, denn löppt he un löppt he un wiederholt sik ok giern, üm dat fasttomaken, wat he meint. Dat is genauso, weiten Se, den Mäkelbörger, de ward doch nasecht, se sünd stur, un de Sachsen, de sind all so tautrulich un so fix. Ja, dat hett ok wedder twei Sieden. Nu, de Sachsen, de sind woll schnell fründlich, œwer dat is meist nich so von'e lange Dur. De Mecklenburger is eben stur, un dat is hei, wenn em wat geföllt, dorvon von'e lange Dur. Umsüss hett man dat nich vertellt, in Mecklenburg geiht de Welt föftig Johr later ünner as woanners. De hollen denn œwer ok noch föftig Johr länger dörch! De grote Friedrich, de hett ok giern Mäkelbörger Soldaten hatt, de hett man in'n Schützengraben dotschlagen künnt. De sünd nich rutegahn, de sünd' dorbläben. Dat sünd Dörchhollers.

Un dorvon mein ik, gehürt dat tosamen. Mit de sächsische Geschwätzigkeit hett disse Drœnerie nicks to daun. Dat is so'n Spinnstubenunterton, de dat gemütlich un düsig makt. Dat kümmt gor nich so väl up an, wat nu vertellt ward, hauptsächlich et ward wat vertellt, un dat möglichst ümständlich. Dat is einglich de Geschicht, de ik bi Lubmin beläft har. Wi willen mit'n Auto na Wolgasten hen, un dor steht so'n Mann an'n Tun. He rokt sien Piep, un he hett nicks to daun, de Gorden is sauber. Ik fröch em: »Nu seggen Se mi bloß eis, wie kam ik na Wolgast?« – »Ja, weten Se, dat is wiet weg! Dor möten Se ierst mal hier läng, un denn möten Se links, un denn möten Se lütt bäten rechts«. Un so verklort he mi dat tweemal, un dorbi wiern dat man grad föftig oder hunnert Meter. Hei geht eben langsam, dorüm is dat so wiet för em. Ik heff denn mit miene Fru in'n Auto œwerlecht, wat nu woll passieren mag, wenn he nu in't Hus rinnekümmt. Denn secht sien Fru to em: »Wat wier dat för'n grotet wittet Auto?« Un denn secht he woll: »Hei hett mi fraacht, hei wull na Wolgasten hen. Wat meinst du woll, worüm hett he mi fraacht? Schmidten hett he nich fraacht un Niemeyern ok nich, bloß mi.« Un denn fangen de Geschichten an, de se süss keen Tiet hemm' sich to vertellen. »Wann wiern wi einglich dat letzte Mal in Wolgast? Müßten wi nich ok eis wedder hen?« – »Ja«, secht denn de Fru, »dat kœnen wi jo ok mal. Bloß wi hemm' ja so väl to daun. Denk ma an de Häuhner, wer faudert de?« Un dat ward nu 'ne Sünndachsgeschicht, mit de se sik woll twei Stunden beschäftigen kœnen. Up disse Ort hemm' se keene Langewiel.

Oewer so sünd wi woll. Dat gehürt alles tosamen. Immer is'n ganzen Barch von Warmhartigkeit dorin un 'ne Ort von Nadenklichkeit, de eben hier hengehürt, un dat is eben ok woll nich woanners hentoplanten.

Herrmann-Winter: Sünd de lustigen Geschichten, de de Mäkelborger vertellen, ok all' so drœnig, hemm' de keen' drögen Mudderwitz?

Jastram: Ja, de Humor is eigen. To Tieden mein ik, de Mäkelbörger vertellt leiwer Geschichten un Begebnisse as so'n richtigen Witz. Un de hemm' bäten wat to daun mit de jüdischen Vertellungen. De sünd ok nich wie Witze mit irgendwelche Knallpointen, dat sind Geschichten, de gahn so lies af. Wenn man dorför Verständnis hett – dat duert woll meist lütt bäten – denn is dor 'n ganz eigentümlichen Humor in de mäkelbörgischen Geschichten, ik vertell se ok ganz giern, sowiet ik dorvon wat verstah un sowiet ik se behollen heff. Un dat Verrückte is, dat einen de ok passieren künnen. Gifft so'ne Geschicht mit'n Pierd, wo de ein Bur den annern dröppt un secht: »Ja, wettst du, mien Pierd, de hett so den Koliken ümmer, un wat mak ik bloß.« – »Ja«, secht de anner, »geef em man Terpentin, dat helpt.« Un na vierteigen Daach dröpen se sich wedder, un de ein secht: »Du, ik heff mien Pierd Terpentin gäben, de is mi œwer dotbläben.« – »Ja«, secht de anner Bur, »miener ok.« Dat is Mecklenburger Humor. Oder: De Dokter hett grad 'n Schwien heilmakt bi'n Burn un süht, dat sien Pierd up ein Ooch blind is. »Dor kœnen wi wat bi maken«, secht he to em. »Oh«, secht de, »dat is nich so schlimm, wenn mien Pierd ok up ein Ooch blind is, wat et up'm Weg to'n Markt nich süht' dat süht, up'm Weg von'n Markt bet hier bestimmt!« Dat is Mäkel-börgsch, dat möt man bloß verstahn, wie dat so is. Und dor licht na miene Meinung sihr väl Wohrheit in. Dat is all vörstellbar, as wenn man dat har sülben beläben künnt. Da is grad so väl Utdacht' drin, dat man ümmer denkt: Wie schad', dat et nich passiert is, is ja tau schön, dat et passieren künn. Insofern heff ik för den Humor sihr väl Verständnis, ik mag em sihr giern, sihr giern.

Claus Hammel

Geboren 1932 in Parchim,
Dramatiker und Journalist,
lebt in Berlin und
Althagen/Fischland.

*Wer'n Haufiesen find't,
hett Glück, œwer dor
möten noch Nagels an sin.*

Renate Herrmann-Winter: Claus Hammel, Sie sind in Mecklenburg geboren. Wurde in Ihrem Elternhaus auch plattdeutsch gesprochen? Oder sind Sie in Ihrer Kindheit und Jugend durch Ihre Umgebung auf andere Weise mit Platt in Berührung gekommen?

Claus Hammel: Ich bin in Parchim geboren, und mein Vater ist auch Parchimer, meine Mutter stammt aus Lothringen. Zu Hause wurde nicht plattdeutsch gesprochen. Ich bin mit dieser Sprache erst in Demmin, also in Vorpommern, in Berührung gekommen, dort, wo ich den größeren Teil meiner Jugend verbracht habe. Meine Eltern hatten ein Geschäft. Vater war Sattlermeister, Mutter stand im Laden, und die bäuerliche Kundschaft sprach platt. Mir wurde dadurch erst bewußt, daß es zwei Möglichkeiten der Verständigung gibt. Meine Mutter hat als Lothringerin im Umgang mit den Kindern vorpommersches Platt sprechen gelernt wie eine Fremdsprache. Ich habe es nur als vorübergehender Zeuge unbewußt aufgenommen. Wichtiger als diese Wahrnehmung war für mich die frühe Begegnung mit plattdeutscher Literatur. Nachdem mein Vater 1945 aus dem Krieg zurückgekommen war, hat er uns an vielen Abenden Reuter vorgelesen. Ich kann mir die »Stromtid« nicht anders vorstellen als in der Interpretation meines Vaters. Es war etwas sehr Vollkommenes, denn er hatte den Gestus dieser Sprache. Eine ganz andere Begegnung mit dem Niederdeutschen in meiner

Demminer Zeit verdanke ich Dr. Wilhelm Dammann, meinem Mentor. Dieser lautere Mann war beim Machtantritt der Nazis aus seinem Amt als Gymnasiallehrer vertrieben worden, 1945 nicht in den Schuldienst zurückgegangen, sondern eine Art Kustos im städtischen Heimatmuseum geworden. Er hatte zwei große Hobbies. Das eine galt Karl May, aus dessen Gesamtwerk er nach und nach Fehler jeglicher Art herausgesucht und in einem Riesendossier aufgezeichnet hatte, das andere war die plattdeutsche Sprache. In feiner, minutiöser Schrift notierte er auf kleinen Karteikarten plattdeutsche Ausdrücke aus dem Kreis Demmin, die, wie er meinte, regional begrenzte sprachliche Unikate waren. Es war eine Arbeit, die Leben und Zeit brauchte, und er widmete sich ihr mit einer bewundernswerten Geduld und Akribie. Wenn ich nicht irre, hat er diese Zettel immer nach Greifswald geschickt.

Renate Herrmann-Winter: Ja, sie sind in das Archiv des Pommerschen Wörterbuchs gekommen und gehören zu unseren akkuratesten und schönsten Belegen. Ich habe viele der von ihm gesammelten Wörter und Sätze in mein »Plattdeutsches Wörterbuch« aufgenommen, dort können Sie sie, wenn auch ohne Ortsangabe, wiederfinden.

Claus Hammel: Das freut mich, daß der Alte in diesen Dingen doch noch eine späte Auferstehung feiert.

Renate Herrmann-Winter: Wie entwickelte sich später Ihr Verhältnis zum Plattdeutschen, und wie ist es heute?

Claus Hammel: Mit meiner Wahrnehmung des Plattdeutschen ist es dann, weil ich sehr früh von Demmin nach Berlin gezogen bin, zunächst gar nicht weitergegangen. Erst seit wir hier oben in Althagen wohnen, lebe ich inmitten von Plattdeutschen. Und hier habe ich auch angefangen, Zutrauen zu fassen, mich selber mal als aktiver Plattdeutscher zu versuchen. Ich habe es aus guten Gründen und mit einem gewissen Druck im Nacken versucht, einfach, um mich als Zugereister nicht als ganz Fremder zu erkennen zu geben. Ich glaube, das hat mir in einigen Punkten geholfen, obwohl Sie sicher die Beobachtung kennen: wenn ein nicht ganz deutlich Plattdeutscher auf Plattdeutsche plattdeutsch einredet, erhält er meistens eine hochdeutsche Antwort. Es muß einige Zeit vergehen, ehe man der Ehre teilhaftig wird, daß der Partner auch plattdeutsch antwortet. Mein jetzt gestorbener Nachbar hat mir durch unsere täglichen Begegnungen ganz behutsam, unaufwendig und sehr rücksichtsvoll geholfen, daß ich mich in diese Sprache einleben konnte.

Renate Herrmann-Winter: Sie haben sich also ganz bewußt bemüht, Plattdeutsch zu lernen, um bessere Kontakte zu Ihren Nachbarn und Mitmenschen zu bekommen?

Claus Hammel: Ja, das hat natürlich mit dem Wunsch nach Kontakten, hat natürlich im buchstäblichen Sinn mit Nachbarschaft und auch mit dem Bedürfnis nach Geborgenheit zu tun. Ich bin leidenschaftlicher Norddeutscher. Nur als Mecklenburger kann ich mich nicht verstehen, weil der Raum, in dem ich lebe, doch weiter reicht. Wir haben in den dreißiger Jahren eine Zeitlang in Stolp gelebt, und seit 1949 bin ich in Berlin seßhaft geworden. Für mich ist Berlin immer noch ein ursprünglich niederdeutscher Ort, und das »Berlinische« als Wesensmerkmal seiner Einwohner nicht unverwandt mit vielem, was hier ist. Und doch bin ich in der ersten Zeit abends oft zum Stettiner Bahnhof gelaufen und habe mir die Schlußlichter des Zuges, der nach oben fuhr, angesehen. Zu dem, was ich Geborgenheit nenne, gehört eben, daß ich plattdeutsche Laute um mich herum höre. Auch ohne mich an etwas zu beteiligen, fühle ich mich wohl. Es ist fast ein körperliches Wohlbefinden, ein seelisches sowieso.

Renate Herrmann-Winter: Dann gehört also Plattdeutsch für Sie auch zum Begriff »Heimat«?

Claus Hammel: Ja, untrennbar. Nur hab' ich kein großes Zutrauen zu den Versuchen einer künstlichen Wiederbelebung dieser Sprache. Das ist ein so lebendiger Organismus, den ich nicht gerne in einer Intensivstation sähe, um ihn mit Gewalt am Leben zu erhalten. Wenn der Tag gekommen ist, daß die letzte Stunde auch für das Plattdeutsche geschlagen hat, dann soll man mit Würde Abschied nehmen. Zu den Prothesen einer künstlichen Lebenserhaltung gehören auch die angestrengten plattdeutschen Diskussionen und Rundtischgespräche im Rundfunk, wo mit einem oft hilflosen, manchmal auch gekonnten Plattdeutsch zeitgenössische Themen strapaziert werden. Das kann ich nicht ab. Über alles plattdeutsch sprechen zu wollen, ist ein etwas spießiger Partikularismus, der nicht in die Medien gehört. Gerd Micheel mit Reuter, ja! Wenn er mir zum Frühstück Reuter vorliest, bin ich hin und weg. Zu Reuters Zeit war Niederdeutsch in einer doch recht isolierten Landschaft normaler Alltag. Literatur und Sprache nährten sich wirklich noch gegenseitig. Das ist heute nicht mehr gegeben. Ich empfinde auch die Versuche, Plattdeutsch über die Volkshochschule zu lernen, als schöne Spielerei. Es würde mich freuen, wenn etwas dabei herauskäme, aber ich bin bei aller Liebe zu dieser Sprache doch so pragmatisch, daß ich meine, wenn einer schon eine Sprache lernen will, dann muß er eine lernen, mit der er wirklich durch die Welt kommt, und das kommt er ja mit dieser nicht.

Renate Herrmann-Winter: Meinen Sie denn, daß Plattdeutsch heute noch eine Sprache ist, oder ist es eine Mundart?

Claus Hammel: Ich halte am Begriff Sprache fest! Für mich ist es eine Sprache, und wenn für mich das Kriterium, Plattdeutsch zur Sprache zu erklären, nur sein sollte, daß es eine Menge von Wörtern gibt, die sich deutlich vom Hochdeutschen unterscheiden. Es sind ja nicht nur ein, zwei Dutzend, ganz abgesehen von der Grammatik und vom Denken her.

Renate Herrmann-Winter: Wir wissen, daß Plattdeutsch im Vergleich zur hochdeutschen Sprache eine regional begrenzte und öffentlich stark eingeschränkte Geltung hat, und Sie sagten selbst, daß man im Rundfunk nicht über alles plattdeutsch reden sollte. Liegt es am Thema, an der Situation oder an den fehlenden sprachlichen Mitteln?

Claus Hammel: Es gibt bestimmte Dinge, über die läßt sich einfach in dieser Sprache nicht mehr sprechen. Diese Flugzeugentführung, die jetzt zur Rede steht, ich wüßte nicht, wie man sie plattdeutsch darstellen sollte. Ich weiß nicht, wie man über ein Todesurteil in Südafrika reden soll, selbst ein deutsches Todesurteil würde immer noch sehr gemütlich klingen. Die Kreuzigungsprozedur kann ich nicht plattdeutsch beschreiben. Es gibt Dinge, die gehen nicht, es sei denn, sie werden mit der hohen Kunst einer ganz anderen Erzählweise gemacht, wie etwa in den Evangelien. Und wenn heute in der Kirche plattdeutsch gepredigt wird, geht es, soweit ich weiß, eigentlich nur um die Interpretation der Evangelien, und da läßt sich allerhand erzählen.

Der Sprechende, der Heutiges in Plattdeutsch fassen und mitteilen will, muß es umschreibend darstellen, weil sich bestimmte Begriffe nicht ausdrücken lassen oder die Vokabeln fehlen. Diese ganzen Kunstwörter »dat Kiekschapp« und »de Hulbessen« und wie die Kerle alle heißen, sind Unsinn. Sie haben sich ja selber in ausführlichen Debatten im Zusammenhang mit den niederdeutschen Autorentagen auch wieder damit herumgeschlagen. Anschaulichkeit ist wirklich eine der höchsten Qualitäten dieser Sprache, und sie sollte man heute besonders nutzen.

Renate Herrmann-Winter: Nun kommt die niederdeutsche Sprache heute ja ohne Anleihen aus dem Hochdeutschen nicht mehr aus, im Gegenteil, sie nehmen ständig zu. Sollte man dies mit Goethe als ein Zeichen ihrer sprachlichen »Gewalt« ansehen, daß »sie das Fremde nicht abweist, sondern daß sie es verschlingt?« Oder ist es ein fortschreitender Auflösungsprozeß des Plattdeutschen?

Claus Hammel: Die plattdeutsche Sprache ist in sich harmonisch, das glaube ich schon, sie ist wirklich autonom. Sie ist keine Nutte, obwohl man Sprache ja schnell in die Prostitution jagen kann. Plattdeutsch hat Charakter. Es gibt in der deutschen Hochsprache eine Fülle von neuen und unsinnigen Modewörtern, die zum Teil in der politischen Sprache der BRD entstanden sind, aber eines Tages auch bei uns auftauchen. Auch Verben. Was noch nicht bewiesen ist, muß »untersetzt« werden, wer sich einer Sache versichern will, muß sie »festschreiben«. Ernst Röhl hat diesen »neudeutschen« Wortschatz gesammelt und jetzt ein kleines Wörterbuch herausgegeben. Nichts von dem läßt sich in die festgefügte Form der klassischen plattdeutschen Sprache einführen. Plattdeutsch sträubt sich nicht nur gegen den Umgang mit modernen Begriffen aus dem elektronischen Zeitalter oder mit politischen Begriffen aus dieser Zeit, sondern es sträubt sich gegen alles Modische überhaupt. Ich glaube, das ist auch noch ein Indiz für die Stabilität des Plattdeutschen als Sprache, auch für die Arroganz dieser Sprache. Sie lehnt es ab, sich gemein zu machen mit solchen Zeiterscheinungen. Sie wählt aus unter dem hochdeutschen Angebot, und wenn das Ohr noch stimmt für diese Sprache, dann kriegt man raus, ob sie es annimmt oder nicht. Es ist offensichtlich wirklich so wie beim Blutaustausch. Wenn die Blutgruppe nicht stimmt, verträgt es der Organismus nicht.

Renate Herrmann-Winter: In Ihrem Feuilleton über die »Grazie der Mecklenburger«* haben Sie sehr treffend einige Eigenschaften des Mecklenburgers aufs Korn genommen und dazu plattdeutsche Ausdrücke zitiert. So bestätigen Sie ihm u. a. einen Sinn fürs Reale, eine skurrile Weltoffenheit, einen Hang zum Nachdenklichen und Spökenkiekerischen. Glauben Sie, daß das Niederdeutsche diese Eigenschaften unterstreicht oder daß man sie vielleicht aus dem Niederdeutschen ablesen kann?

---

* in: Mecklenburg: Ein Reiseverführer. Rudolstadt 1985

Claus Hammel: Es trifft wohl auf diese Sprache dasselbe zu, was auf alle Sprachen zwischen Thailand und Grönland irgendwie zutrifft: weil es unsere Sprache ist, ist es auch unser Ausdruck. Ein paar Sachen, die man dem Niederdeutschen nachsagt, scheinen mir bei näherem Hinsehen nicht zu stimmen. Sie sind hineingetragen worden. Wir haben z. B. so gut wie keinen Nachweis dafür, daß der Mecklenburger wortkarg ist. Es gibt Witze darüber. Drei Mecklenburger sitzen zusammen auf einer Bank, und einer sagt: »Siehst du da hinten die Möwe?« Eine halbe Stunde später sagt der zweite: »Das ist keine Möwe!«, und nach der nächsten halben Stunde sagt der dritte: »Wenn ihr euch weiter streitet, geh' ich nach Hause!« Das stimmt eben einfach nicht. Ich habe den Mecklenburger immer nur geschwätzig erlebt, ungeheuer redselig, farbenfroh in seinem Redefluß, auch heftig zu Wiederholungen neigend. Ich habe weder bei männlichen noch bei weiblichen Individuen festgestellt, daß sie Kontaktmuffel seien. Wenn sie nicht wollen, dann wollen sie nicht, dann sagen sie aber gar kein Wort und nicht zwei oder drei. Wenn ich mir meine Umgebung vorstelle und die Zaungespräche, die bei der Frühjahrsbestellung und Erntearbeit fällig sind, dann ist es notwendig, irgendwann auf die Uhr zu gucken. Das ist eine Plappermœhl.

Renate Herrmann-Winter: Es wäre also nach Ihrer Meinung an der Zeit, das weitverbreitete Vorurteil, die Mecklenburger seien wortkarg, zu revidieren. Gilt das auch für andere tradierte Bewertungen wie etwa die angeblich besonders knappe, lakonische Art des niederdeutschen Humors oder die Gemütlichkeit des Plattdeutschen?

Claus Hammel: Natürlich gibt es Knappheit im Ausdruck. Gleich zu Beginn meines Textes steht als Zitat: »dat ward Se jo gewohr warden«, eine tatsächlich gegebene Antwort auf die Frage nach einem Anschlußbus. Kürzer geht's nicht. Es geht aber auch nicht unhöflicher, und das Wort »Grazie« ist natürlich ironisch verwendet. Es gibt keine

Grazie in der plattdeutschen Sprache. Es gibt auch keinen Stempel für den niederdeutschen Humor. Die Leute sind ja auch zu verschieden. Ich glaube, jeder unserer Stämme im Land hat seine eigene Art, aus den verschiedenen Blickwinkeln Fremde zu beobachten. Der Begriff »Fischköppe« ist zwar kein sehr phantasievolles Wort, aber es ist eben die Art, wie die Mitteldeutschen mit uns fertig werden, und den Grad der Beliebtheit von Sachsen hierzulande brauche ich auch nicht zu schildern.

Ich trage Eulen nach Athen, Sie wissen es besser, die Sprache an sich hat mit Humor nichts zu tun. Man kann in dieser Sprache auch abgrundtief gehässig sein. Üble Nachrede gibt es auch in plattdeutsch, und wenn Trunkenheit plattdeutsch eskaliert, da kann sehr Bösartiges rauskommen. Die Sprache schützt nicht vor falschem Charakter. Auch insofern ist Plattdeutsch wirklich eine Sprache, es ist kein idiomatischer Schutzschild vor Unangenehmem. Es ist auch keine Fluchtstätte für gemütliche Gespräche. Merkwürdigerweise kann das Plattdeutsche sogar von Plattdeutschen selbst dazu benutzt werden, um den Menschenschlag ein bißchen zu denunzieren. Tarnow macht das sehr effektvoll. Bei den Beschreibungen, die er von seinen Erfahrungen mit den Mecklenburgern gibt, hat er einen fatalen Hang, sich über seine Landsleute zu mokieren. Die Sprache macht's. Das sind oft ziemlich düsige Leute, manchmal gewitzte, manchmal sicher schlitzohrig. Ganz »dicht« ist oft sein Held nicht. Wenn man das als Zeugnis seiner Zeitgenossenschaft nähme, als Beleg dafür, in welcher Welt er gelebt und wie er seine Mitmenschen verstanden hat, dann wäre es ein bißchen traurig. Diese etwas grobianische Selbstveräppelung ist mir besonders an Tarnow bewußt geworden. Sie unterstützt die auswärtigen Charakterisierungen der Norddeutschen. Wahrscheinlich ist es ein Selbsttor, was er da schießt.

Kontaktförderung durch diese Sprache ist ja doch nur denen gegeben, die sie miteinander sprechen. Sie kann auch genausogut eine scharfe Trennung bedeuten und ballt diejenigen, die sich in ihrer Sprache verständigen können, sichtbar zusammen gegen Menschengruppen, die sie nicht können. Ich habe es '45 zur Genüge erlebt, wie wir mit Fremden umgegangen sind, die als Flüchtlinge kamen. Da habe ich gemerkt, wie das Niederdeutsche auch widerlich sein kann, richtig bauernkriegsgemein. Es wurde als Fremdsprache gegen den Ankömmling benutzt und konnte gehässig und unbeschreiblich gossenhaft sein, da war alle Gemütlichkeit im Eimer. Und es waren die gleichen Vokabeln, die man für Freundliches auch benutzen kann.

Renate Herrmann-Winter: Plattdeutsch wird seit Jahrhunderten vorwiegend gesprochen. Auch niederdeutsche Literatur wirkt am stärksten im mündlichen Vortrag. Das gilt in besonderer Weise für das auf niederdeutschen Bühnen Gesprochene und Gespielte. Offensichtlich scheint Plattdeutsch für dramatische Texte sehr geeignet zu sein. Was meint der Dramatiker Claus Hammel dazu?

Claus Hammel: Ich will Ihnen dazu eine Anekdote erzählen, die mit einem großen und sehr geliebten Kollegen zu tun hat. Wir sind 1960 in dieses Haus gezogen, und 1961 hatten wir für einige Tage Besuch von Franz Fühmann, und wir haben ihn in Ahrenshoop in eine Vorstellung der »Botterolsch« unserer »Späldäl« geschleppt. Es waren Hiesige, die dort spielten, und Dazugezogene, die sich hier eingewöhnt hatten. Also das Personal war stimmig, das Platt war richtig. Fühmann verstand kein Wort, aber die Story war für ihn verfolgbar. Ich habe diesen Mann nur in Tränen der Freude aufgelöst gesehen, weil, wenn er auch tausendmal mit der Sprache nichts anfangen konnte, die Leute, die sie sprachen, echt waren. Und bei so viel Empfindsamkeit, wie dieser Mann besaß, er spürte es und war glücklich. Das sagt mir oder bestätigt Sie mit Ihrer Meinung zum dramatischen Text auf plattdeutsch, es ist vielleicht möglich. Aber ich selber habe ja Abstand davon genommen.

Renate Herrmann-Winter: Sie denken an Ihre Bearbeitung des mittelniederdeutschen »Redentiner Osterspiels«. Warum haben Sie es eigentlich hochdeutsch neu erzählt?

Claus Hammel: Erstens kann ich niederdeutsch nicht schreiben, ich habe es nie geschrieben und werde es vermutlich nie schreiben. Dann kommt »der Markt« dazu. Wenn ich das Stück im Rostocker Klosterhof mit einem immerhin doch sehr großen Aufwand bei der Herstellung spielen lasse, dann kann ich das Publikum, das in der Universitäts- und Hafenstadt doch von überall herkommt und nicht nur aus dem Norden, nicht mit der Sprache vor den Kopf hauen. Aber es kam mir sehr entgegen, daß ich Plattdeutsch an einigen Stellen als »Fremdsprache« anwenden konnte, damit eine bestimmte Figur auf der Bühne nicht versteht, worüber man spricht. Dafür setze ich im Text einen Dolmetscher ein, den es im Originaltext natürlich nicht gibt, das heißt – um wieder auf das Phänomen Sprache zurückzukommen – ich benutze die Sprache schon wirklich als Sprache. Das ist ein unwiederholbarer Spaß, der aber auch rentiert. Und auch das wieder ein Beleg: die Schauspieler, die sich dort platt unterhalten, und zwar sehr einleuchtend für alle, die wissen, was Platt ist, das sind Sachsen. Sie sprechen es also als gelernte Sprache.

Natürlich hätte es zunächst nähergelegen, was im Grunde seit der Jahrhundertwende mehrmals versucht wurde, eine Übersetzung des Redentiner Osterspiels in modernem Niederdeutsch herzustellen. Was dann in modernem Niederdeutsch rauskommt, scheint mir, ist alles blasser und wirklich farbloser als das mittelniederdeutsche Original. Ohne Philologe sein zu müssen, macht es großen Spaß, in diesem alten Text herumzulaufen und sich zurechtzufinden, wenn ab und zu ein verstehbares Wort wetterleuchtet. Man braucht es nur laut zu sprechen, um es zu verstehen, und dann fängt man an, damit zu leben. Es wird nicht passieren, daß ich an diesem Stück den Versuch mache, es niederdeutsch zu schreiben. Ich bleibe bei meiner hochdeutschen Bearbeitung, und an einigen Stellen ist es ohnehin meins, der Verfasser verzeihe es mir. Aber ganz als Denkmal kann man es nicht spielen. Man muß dem heutigen Zuschauer die Freude machen, daß er einen doppelten Boden dahinter spüren kann, in dem er seine eigene Existenz ein bißchen gebrochen sieht.

Renate Herrmann-Winter: Ich komme noch einmal zurück auf meine Hypothese, Plattdeutsch ist als Sprache des Gesprächs besonders geeignet für die Bühne und heute auch für das Hörspiel.

Claus Hammel: Schon weil Sie so hartnäckig dabei bleiben, kann man das ja nicht einfach vom Tisch wischen. Vielleicht bin ich deshalb so apathisch und steige nicht gern auf Ihren dramatischen Dampfer, weil ich natürlich damit schon geliebäugelt habe, es zu machen, und natürlich ist es mir mißlungen, und natürlich meine ich deshalb, es geht nicht. Dramatischer Dialog, wörtliche Rede sind im Niederdeutschen etwas ungeheuer Schwieriges. Es ist kein Zufall, daß es heute, wie ich finde, überwiegend episch benutzt wird. Ich könnte mir eins vorstellen, und das ist sogar keine reizlose Geschichte, daß man Stücken von Gerhart Hauptmann unsere Sprache überzieht, sie nicht äffisch übersetzt, sondern auf platt nachdichtet.

Gibt es denn für diese Sprache heute noch Geschichten, die wirklich jetzt, 1988, spielen, und die sich auf der Bühne erzählen lassen? Ein plattdeutsches Stück muß ein fabelhaft gebautes Stück sein. Aber: eine moderne Geschichte, ein Personal von etwa neun Mann auf der Bühne, alles Plattdeutsche, das Bild stimmt schon nicht, es müssen auch Hochdeutsche dazwischen sein. Eine Geschichte, die nur unter Plattdeutschen spielt und also akzeptabel wäre für eine Niederdeutsche Bühne, ist zunächst schon mal eine Verfälschung oder eine Kunstwelt. Nun halte ich eine Kunstwelt für zulässig, sonst gäbe es keine Kunst. Wenn ich sie nun aber alle plattdeutsch sprechen lasse, dann wird die Sache doch vermutlich irgendwie exotisch. Eine harte Geschichte, eine gemütliche Geschichte – ein Handicap bliebe immer, daß es heute keinen Bereich mehr gibt, in dem die Leute ausschließlich plattdeutsch reden. Aber wahrscheinlich sehe ich das nur deshalb päpstlicher als der Papst, weil ich's nicht geschafft habe. Oder nicht ernstlich wollte.

Renate Herrmann-Winter: Und nun noch die unvermeidliche Frage: Wie sehen Sie die Zukunft des Plattdeutschen?

Claus Hammel: Die Lebenserwartung des Plattdeutschen ist identisch mit der Lebenserwartung derer, die es noch sprechen. Ich glaube schon, daß unser Jahrhundert in jedem Fall noch zu Ende geht mit einem Plattdeutsch, das von wirklich berechtigten Trägern dieser Sprache weitergetragen wird, aber ich glaube, es fängt jetzt schon an sich zu verinseln. Ich möchte natürlich, daß Plattdeutsch lange lebt, weil ich möchte, daß mein Leben und das meiner Freunde und Nachbarn in diesem Sprachklima zu Ende gehen kann. Ich möchte das Ende dieser Sprache nicht erleben. Aber ich fürchte, es kommt, und ich fürchte auch, es macht dann nachher den meisten nichts aus.

Tonbandprotokolle

Bruno Benthien

Geboren 1930 in Schwerin, Dr. sc. nat., Professor für Politische und Ökonomische Geographie in Greifswald, Volkskammerabgeordneter.

Na de Dat
weit jeder gauden Rat.

Kinnerbäuker up platt

Ik heff as ierste Sprak Platt lihrt, denn bi uns to Hus wür' eignlich bloß platt snackt, de Öllern hemm' ünnerêinanner un ok mit de Kinner platt räd't. Dat wier in de Schweriner Gägend don 'ne ganz gewöhnliche Sak. Hochdütsch hürte ik bloß, wenn dat irgendwie up ankeem. Ok de iersten Kinner-bäuker, an dei ik mi erinnern kann, wiern plattdütsche Bäuker. As ik noch nich to Schaul güng, kreech ik dat »Plattdütsche Billerbauk«. Väl Bäuker har man damals ja nich, œwer Fritz Reuter, Tarnow un Brinckman, de hürten dortau. Un de »Voss-un-Has-Kalenner« müßt sien. Sobald dat Johr to Enn' güng, würd de köfft. Manche Geschicht von Vadder Schulten und Voss un Has hemm' wi utwennig lihrt. Bi uns wür' väl vörläst, abends in'n Winter un vör allen Dingen ok in Tieden, wo dat Läben nich so ganz einfach wier.

Up de Bäudnerie Nummer eins

Hochdütsch müßt ik ierst inne Schaul lihren, un ik erinner mi, dat ik in de ierste Klass in Lankow oft nich wüßte, wie manche Wür' up hochdütsch heiten deden. Wi müßten up-schrieben, wecke Beerenfrüchte wi ut'n Gorn kennten. Dat wier för mi nich schwierig, denn mien Vadder un mien

Großvadder sünd Gärtner wäst. Tweihunnert Johr lang hemm' miene Vörfahren as Bäudners in Lankow bi Schwerin up de Bäudnerie Nummer eins läft. Dor hürten as Eigenland bloß annerthalf Hektar to, un deshalb müßten se noch 'n anner Gewarf bedrieben. Ik wüßt also, dat gifft Erdbeeren, Stachelbeeren, Himbeeren, bloß bi de vierte Sort bün ik scheitert, ik heff nämlich »Schehannsbeeren« schräben, weil ik nich weiten dee, dat de sich up hochdütsch »Johannisbeeren« nennten. Mien Mudderprak is äben eignlich Plattdütsch wäst. Ahn dat wieder to marken, is man denn mihr un mihr in't Hochdütsche rinkamen, ok wenn man Plattdütsch as alldägliche Ümgangsprak liekers bibehollen hett. Inne Schaul wier de Unnerricht natürlich hochdütsch, bloß inne Paus hemm' de Schölers un de Lihrers plattdütsch snackt. De Lihrers wiern damals meistens Jungs von'n Lann', de wiern œwer Seminar oder Präparandenanstalt gahn, un in de Schweriner Oberschaul hemm' de Studienräte ünnereinanner in de Paus ok plattdütsch snackt, œwer wenn se inne Klass wiern natürlich hochdütsch ünnerricht'. Man künn ganz fix ümschalten. Ein Mischmasch von Hoch un Platt geef dat nich. Entweder wür' platt snackt ünnereinanner, inne Familie, mit de Nahwers oder in'n Alldach oder hoch, wenn dat wat Wichtiges wier un wenn de anner keen Platt verstünn'.

Geographie ok bi Reuter un Tarnow

Hütigendags is Platt ja ok noch 'ne Sprak för den Ümgang miteinanner. Dat geiht alls 'n bäten fixer mit de Verstännigung, wenn man plattdütsch räd, ik glöf, ok de Gesprächsfaden is 'n bäten faster. Natürlich kann man bestimmte wissenschaftliche Probleme nich plattdütsch verkloren, œwer in't Dägliche künn man de niegen Termini ja ümgahn oder anners seggen. Dat möt ja nu nich glieks 'n »Iesen-bahnbom-up-un-dal-Dreiger« sien. Bi miene Arbeit kann ik Plattdütsch manchmal sihr gaut bruken. Mit de Geographie hemm' Reuter un Tarnow sik ja ok all versöcht. Un so afwägig is de Geschicht mit den Globus von Mäkelborg dörchut nich, denn de hütige Geographie konzentriert sich natürlich ok ümmer up bestimmte Gägenden un is nich ümmer glieks weltwiet anlecht. För uns sünd dat de nördlichen Bezirke Schwerin, Rostock un Niebramborg.

»Eine Exe« ...

De Lüd, de in dat sœmteiste oder achteiste Johrhundert de iersten Korten upnahmen un de Register dortau schräben hemm', de snackten platt un müßten hochdütsch schrieben, so as ik in miene Jugend. Un in de Gehöftsinventare, dor hemm' se dat so upschräben, as dat don nennt wür. Dor steiht nich »Topf«, sondern »ein irden Pott«, dor gifft dat »eine Exe«, wat 'ne »Axt« sin sall, un wenn dor insteiht: »up disse Stä'« so hett dat mit »Stadt« nicks to don, dat ward väl falsch in't Hochdütsche œwersett. Wenn ik nu Vorläsung œwer »Historische Geographie« hollen dau, denn blifft dat gor nich ut, dat ik mi mit plattdütsche Utdrücke utenannersetten möt.

Öllernhus un Kindheit un Schaultiet

Eine ganze Rä' up plattdütsch he'k noch nich versöcht, œwer 'ne korte Bemarkung up platt, de mak ik oft, wenn ik hochdütsch räden dau, un de helpt oft œwer 'n schwierigen Punkt weg, ok bi manche Sitzungen. So'n plattdütsches Wurt oder 'ne Rädensort klort up, wenn sik 'n Gewidder tosamentreckt. De Spannung löst sik, un man kümmt rascher an't Ziel. Dat geiht œwer bloß bi wecke, de von hier baben sünd, ok wenn se nich platt räden. Dat gifft so'n Gefäuhl von regionaler Tosamengehürigkeit, un de Plattform dorför is, glöf ik, de Sprak. Sprak is Heimat. So richtig dütlich markt hemm' wi dat toierst na fiefunvierdig, as de grote Völkerwannerung insetten dee. Dor hemm' wi uns mächtig amüsiert œwer dat ostpreußische Englisch, wat wi don von unsen Lihrer to hüren kregen. Un de anner keem ut Schlesien un hett uns plattdütsche Dichtung bibröcht. Dat gelüng em nich besonners gaut. Plattdütsch is för mi Öllernhus un Kindheit un Schaultiet.

Wi harrn in Schwerin in de letzten Johren einen sihr gauden Lihrer, de hett uns de Verbinnungen twischen de Spraken klormakt un ok, wat se voneinanner ünnerscheid', un dat hett mi sihr interessiert. Oewer dormit künn man ja keen Brot verdeinen, un deshalb heff ik Schaulmeister studiert, un dat ik einigermaßen gaut Englisch snacken kann, dat hängt ok so'n bäten mit dat Plattdütsche tosamen. Ok wenn dat mit de Utsprak tonächst 'n por Schwierigkeiten har, œwer dat hemm' uns unse Schaullihrers ok bibröcht. Ünnerscheide in de Utsprak bi dat Plattdütsche heff ik noch von to Hus in't Uhr. De von'n Lann' kemen, rädten väl breider as de ute Landeshauptstadt Schwerin. Noch urtümlicher wier dat Platt inne Jabelheid' un achter Ludwigslust. Dor sä' man »veir« un nich »vier«. In Gripswold wier dat wedder 'n bäten vornähmer, dor secht man »Enn« un nich »Sei«. Ok in de Sprak makt de Ton de Musik. Ik kann an dissen bestimmten Tonfall hüt noch einen Schweriner, einen Rostocker, 'n Tätrower un 'n Niegenbramborger ünnerscheiden, nich bloß, wenn he platt snackt, ok wenn he hochdütsch räd't.

Heinz Draehn

Geboren 1921 in Rostock,
Kabarettist,
lebt in Berlin.

*Wer gesund is, weet nich
wie riek he is.*

Platt, dat ward di angeburn

Plattdütsch, dat ward di angeburn. Mudding hett platt snackt, un Größing hett platt snackt, un Vadder hett ok platt snackt. Also wiern de iersten Wür', de ik lihrt heff, Platt.

Vadder wier nägenhunnerttwintig Steward up de olle Fähr, de von Warnemünn' na Gedser führte, dat wier noch'n ganz ollet Schipp mit Kohle. Mudding wier up denselben Fährschipp Kœksch. De hemm' sik dor kennenlihrt, un ik bün dor ok makt worden. Geburn bün ik inne Rostocker Oltstadt. Dat wier in de Gägend, wo de Maand den Petritorm jeden abend »Gaude Nacht« secht hett. De Lüd, de dor wahnten, künnen bloß platt snacken. Mien Mudder, de wüßt gor nich, wat Hochdütsch wier. Un ik heff domals ok bloß platt räd't, ok up de Strat mit de Gören. Wie harn richtige Stratenbanden, wo wi uns bannig amüsierten. Ünnen an'n Haben hemm' wi spält, mank de Steen', mank de groten Balkens un ünner den Kran – de is nu ok nich mihr dor.

Ik wier woll so'n Jung' von sœben Johr un har so'n por Frünn' inne Strat, mit de har'k so allerhand utheckt. Wi führten schwart mit'n Toch na Warnemünn' un denn heimlich rin in'n annern Toch, de up de Fähr güng'. Up de Toilett schlöten wi uns in, un wenn de Toll ankloppte, klammerten wi uns baben fast, dat he uns nich seihn künn. Un so führten wi denn na Dänemark un trüch. Dat wier so 'ne Ort Mutprobe.

Warnemünn' wier anners

Ik bün as Jung' in'n Sommer väl in Warnemünn' wäst. Dor wier Warnemünn' noch anners. An'n Strand künnen de normalen Lüd gor nich hengahn. De Warnemünners, de dürften bloß achtern bi Stolteraa oder up de anner Siet in Markgrafenheide. Dat anner wier för de Kurlüd. Dor güngen extra Strandwächters ümher un hemm' uppaßt, dat se ok 'n Kurschien harn. Mien Größing har up de Promenad 'n Obstwagen mit Wiendruben, Pfirsiche un Äppel un all so wat. Un Vadding güng denn mit twee Körf an'n Strand von eine Burg to de anner un hett siene Saken lut utropen: »Kirschen un Ierdbeeren!«, »Äppel un Plummen!« Un de Lüd, meist wiern dat Berliners, hemm' väl köfft.

Up jeden Damper 'ne Tant'

Späder hett mien Vadder de Restauration hatt up all de lütten Schipp, de up den ollen Strom alle half Stunn' von Rostock na Warnemünn' führen deden. Dat wiern, glöf ik, woll an de teihn Dampers, un up jeden Damper seet 'ne Tant' von mi, dat wier so'n richtigen Familienclan. Anne Hoge Dün wür' anlecht un an'n Ollen Strom. Ik kennte don all de Fischers, de dor bi ehre Bööt hantieren.

Mien Vadder wier denn ok noch up den »Großherzog«, dat wier so'n Bäderdamper. De führte von Warnemünn' ut na Brunshaupten (Kühlungsborn), na Wismar, na Graal, na Stralsund, ok an't Füerschipp na Dänemark. Dor dreihten wi denn üm, nadem wi 'ne Buddel Schnaps rœwerschmäten harn. Wenn wi direkt na Kopenhagen führten, denn lechten wi dor an, wo de Meerjungfrau steiht. Dor hemm' wi 'n bombiget Geschäft makt mit Rostocker Bier. De Dänen drünken dat sihr giern.

Na acht Klassen School he'k Autoschlosser lihrt. De Meister wier ut Dargun, de künn bloß Platt. Ik wier de einzigst von de ganzen Liehrlings, de Hochdütsch künn. Wenn Kundschaft keem, müßt ik mit ehr snacken. Dat wiern ok Urlaubers, de mit Autos an de Ostseeküst führten, un de künnen nich Platt verstahn. Ik künn got mit ehr umgahn. Mien Meister säd ümmer to mi, wenn dor wat rümmeleech: »Heinz, henschmieten, bi'n Henschmieten weglopen!«

Eigenlich heet ik dormals bloß »Heinzing« oder »Pusching«. Mien Broder wier »Hanning« un mien Grotmudder »Größing«. Die Sprache ist lieblich. Mit Platt künn man keinen weh don, dat wür' all's so bäten mit Takt utdrückt. Ik find in disse Sprak Seele, Gemüt un Herz. De makt keine Aggressionen, dor gifft dat ok keine groten Utbrüche. Se is lieb, se is vernünftig, un se is herzlich. Von mi licht dor 'n Stück Läben in. Plattdütsch is nich platt, dat is 'ne sihr plastische Sprak, de hett Farf un is lebennig.

Platt nicht standesgemäß

Aber in meiner Jugend galt Plattdeutsch-Sprechen nicht als sehr fein. Ich hatte einen Freund am Gymnasium. Seine Eltern gaben ihm sehr bald zu verstehen, daß er den Umgang mit mir meiden solle, weil ich nur platt spräche. Wenn es auch nicht gerade als pöbelhaft angesehen wurde, so war es doch nicht standesgemäß. Die Rostocker Hanseaten – ich hatte einen solchen Onkel – waren etwas Besseres. Sie haben nie echtes Mecklenburger Platt gesprochen. Was sie nachahmten, war das Hamburgische. Das war für sie die Sprache der Sprachen.

Up'e Bühn dotschaten

As ik nägenunvierdig ut Gefangenschaft na Rostock na Hus keem, heff ik as Schauermann in'n Haben arbeid't. Uns russisch Direktor wull, dat wi Kultur maken süllen, un dor heff ik Laienspiel makt. Dat spälte in de Tiet, so föftig, einunföftig, mit Agenten un Saboteure, un ik wür' up'e Bühn von'e VP dotschaten. Dit wier so lustig, dat de Kollegen sik bannig amüsierten. Un mal seet unnen 'n Schauspieler von'n Volkstheater, Adolf-Peter Hoffmann, un de secht denn to mi: »Draehn, du möst Kabarett maken, dat is bäder för di, Schauspieler büst du nich.« Denn heff ik dit makt, 'n Programm schräben, un dormit sünd wi denn ümhertreckt. Wi wiern nu de »Hafenspatzen« un harn würklich grote Erfolge. Vierunföftig sünd wi na Weimar führt un hemm' dor bi so'n Utscheid von de besten Laienkabaretts ut'e DDR den iersten Pries makt. In de Jury seet Erich Brehm, de ierste Direktor vonne »Distel«. He brukte unbedingt 'n proletarischen Typ, un he wull mi hemm'. Mien Fru wier ut Berlin un wull giern wedder trüch, un denn heff ik secht: »Na, worüm nich?« An'n 10. Dezember '54 heff ik vœrspraken, un denn hemm' s' mi nahmen, un de Berliner hemm' den Mecklenburger Heinz Draehn denn ok annahmen.

Nich för Kabarett – Softsprak!

Ik bün in hochdütsch ümmer bi miene Rostocker Utsprak bläben, un de hüren dat rut un mœgen dat giern. Plattdütsch un Berlinisch sünd ja verwandt un sünd sik hüt noch sihr sympathisch. Dorvon heff ik ümmer profitiert. Wat richtiget Plattdütsches heff ik hier in Berlin bether nich makt, bloß mal einen von de Ostseeküst spält, un denn müßt man ja alles so bäten breit spräken, so'n bäten vörnan. Ik glöf, Platt is nich tau bruken för Kabarett. De Sprak is nich hart nauch. De is to weik. Wenn man secht, de hett kein Temperament,

67

is dat viellicht to väl, œwer eigenlich is dat wirklich 'ne Soft-
sprak. Man kann twors mit Platt väl seggen, wat man so nich
seggen dürf, œwer dat geiht denn in'ne anner Richtung los.
Dat trifft denn nich. De best Sprak för Kabarett is Berlinisch. De is aggressiv, geiht ok an't Hart un hett ok 'n bäten
Seel in. In Berlin vollzieht sich ja so eine Mischung von allen möglichen Dialekten, und was bei der Gärung heraus-
kommt, ist manchmal sächsisch, manchmal berlinisch und
auch norddeutsch. Ein richtiger Berliner hat diese Kotter-
schnauze mit Mutterwitz.

So bäten up missingsch

Langweilig sünd de Plattdütschen ja ok nich, de hemm' bäten wat Schwejkhaftes. Un wenn man so'n por Szenen
schrifft, kann man de inbugen in ein Programm. Wo bloß
plattdütsch spält ward, as bi de Plattdütschen Bühnen, is dat
för de, de dat nich verstahn, 'n bäten exotisch. Dor räd't
denn ok de Professor platt, un dat kann keiner richtig glöben. Ik mak dat hüt anners. Ik bearbeit' plattdütsche Texte
so bäten up missingsch, hoch un platt, bäten tosamenge-
mischt, dat de dat hier in Berlin ok verstahn künnen. Bi Tarnow geiht dat an'n besten, weil hei den Köster Klickermann
ja schon hochdütsch räden lött. Den »Kattenschwanz« ut de
»Burrkäwers« heff ik mi so trechtmakt:

> »Korl Beggerow un Gottlieb Has'
> un noch por Jungens von disse Blas',
> de harn *schon längre Tiet Rabatz*
> *mit Oma* Behns *ehr schwarte Katz.*
> *Dies dumme Vieh, das stromert* ümmer
> in Beggerows ehr *Stallung* rümmer,
> *un drohten s' ehr ok mit'n Stock,*
> *se keem un keem rund üm de Klock.*
> *Wie Katzen sind, auf leisen Sohlen,*

auch wenn wir ihr das Fell versohlen.
Ok hüt wieren s' wedder achter her,
doch Korl, de kreeg ehr mang de Dör
un hett mit Macht sich gegenstemmt
un hett ehr glatt den Schwanz afklemmt.
Da war die Katze selber baff,
doch wier't to *spät*, de Schwanz wier af.«

In dieser Form muß ich es machen, dann kommt es an.

Günther Drefahl

Geboren 1922 in Rostock,
Dr. phil. habil., Dr. h. c.,
Professor für Organische
Chemie,
Präsident des Friedensrates
der DDR,
wohnt in Jena.

Wenn einer daun deit
wat hei deit,
denn kann hei nich mihr daun,
as hei deit.

Ein Dorf in Mecklenburg

Ich bin hochdeutsch aufgewachsen, aber meine Großeltern sprachen nur plattdeutsch. Mein Vater war der erste, der länger zur Schule gegangen ist, meine Mutter kam aus einem ganz anderen Teil Deutschlands, und in meinem Elternhaus wurde nur hochdeutsch gesprochen. Aber die Großeltern lebten in Rostock, und bei ihnen wurde nur plattdeutsch gesprochen und eigentlich auch plattdeutsch gedacht. So liebenswert, wie man sich plattdeutsch ausdrücken kann, so liebenswert waren auch die Großeltern. Sie stammten an sich aus der Recknitz-Niederung, so aus der Gegend nach Weitendorf zu. Am Fuß der höchsten Berge Mecklenburgs, der Ruhner Berge, im Kreis Parchim liegt ein Dorf, das heißt Drefahl. Es ist ein winzig kleines Nest, hat, glaube ich, nicht einmal eine eigene LPG. Aber ich sage immer: Ehre, wem Ehre gebührt. Karl Marx hat eine größere Stadt, aber ich habe wenigstens ein Dorf in Mecklenburg.

Droschkenkutscher und ein richtiges Rostocker Original

Meine Großeltern waren ganz einfache Leute, die ihr Leben lang fürchterlich schwer gearbeitet hatten, in der Inflation alles verloren und nun von ihrem bißchen Rente lebten und der Miete aus den früheren Stallungen. Mein Großvater war Droschkenkutscher und Fuhrmann gewesen, 'n staatschen Kierl und ein richtiges Rostocker Original. Jeder kannte ihn. Rostock war damals im Grunde genommen eine Universitäts-Kleinstadt, zwar mit hanseatischem Anspruch, der aber, außer in gewissen Denkkategorien, kaum noch spürbar war. Und für mich bedeutete Plattdeutsch eben: bei meinen Großeltern sein. Wenn ich Plattdeutsch höre, dann sehe ich meinen Großvater, gehe mit ihm über den Markt durch die Stadt, höre, wie er mit den Bauersfrauen redet, die er alle mit Namen kennt, wie er den Polizisten anlümmelt: »Stah hier nich so rüm, kost' all mien Geld«, und wie die Fischwiewer aus Warnemünde hinter ihm herrufen.

Dann gingen wir in den Hafen, und dort kannte er die Kapitäne, die auf der Schnickmannsbrücke auf der Bank saßen. Vormittags kuckten sie nach Osten und hatten die Sonne im Gesicht, und nachmittags wechselten sie auf die andere Seite der Bank – die hatte so eine Trennung in der Mitte – und saßen wieder in der Sonne. Und da saß er auch, er durfte das. Er durfte auch in die Teekanne gehen zu den alten Seeleuten, er war eben Luten Drefahl, un dat wier wat.

Platt und Heimat

Und so ist Plattdeutsch für mich nicht nur die Sprache, sondern es sind auch die Denkkategorien, in denen mein Großvater dachte, sehr einfach, sehr grade und sehr herzlich, mit jedem gut befreundet, und wen er nicht mochte, dem sagte er das auch. So bin ich mit Plattdeutsch groß geworden durch eine innige Liebe zu meinen Großeltern. Es ist die Identität zwischen Sprache, Art und Handeln, das Liebenswerte und Gerade, manchmal auch ein bißchen Hölzerne. So war mein Großvater, und er war mein Ideal. Und das ist eben auch das Problem Heimat.

Heimat ist für mich immer Integration in eine menschliche Gemeinschaft, das ist die erste Voraussetzung. Dazu gehört die Identität der Sprache und das, was sich in der Sprache ausdrückt, eine bestimmte Denkensart und Denkensweise. Deshalb kann ich hier in Thüringen sagen, Jena ist mir *wie* eine Heimat geworden, denn das ist meine Universität, siebzehn, achtzehn Jahre bin ich hier Prorektor und Rektor gewesen, und Jena ist auch meine Stadt. Ich kenne hier viele, und die meisten kennen mich. Es ist mir eine ganz vertraute Stadt. Aber Heimat ist es nicht, dann müßten sie plattdeutsch sprechen. Es bleibt dieser Abstand, es fehlt mir die Sprache, in der ich mich wohl gefühlt habe und heute noch wohl fühle.

Platt reinigt von innen

Meine Frau kam aus Soest, sie sprach ein bißchen westfälisches Platt, nicht oft, nur wenn sie wollte, aber sie verstand mich gut. Und wenn es schon am Anfang unserer Ehe herzliche Worte waren, dann hießen sie »mien Schieting«, »mien Dicking«, »mien Söten«. Das ist eben im Plattdeutschen alles mit einer besonderen Herzlichkeit verbunden, und das gefällt mir daran. Bis heute. Und deshalb muß ich ab und zu nach Mecklenburg und plattdeutsch schnacken mit de Lüd. Was für einen Verstopften Rhizinus ist, das ist für mich drei Tage plattdeutsch sprechen. Das reinigt sogar von innen, nicht nur von außen.

Literaturplatt hören

Als mein Großvater 1935 starb, war ich dreizehn Jahre alt, und seitdem habe ich nicht mehr regelmäßig plattdeutsch gesprochen. Nur eben noch so, wie man, wenn man in Rostock lebte, eben sprach, mit diesem und jenem, ab und zu. Später habe ich viel plattdeutsch gelesen, geschrieben nie.

Die Orthographie hat mich daran nicht gehindert. Ich gehöre zu dem Typ, der zwar nicht laut spricht beim Lesen – so schlimm ist es noch nicht –, aber ich lese in Gedanken laut und höre es. Deshalb kann ich auch ganz schnell eine Seite auswendig lernen. Es ist unhörbar, aber für mich ist es laut gelesene Schrift. Deshalb lese ich Reuter genauso gern wie Brinckman oder Tarnow. Und wenn das Plattdeutsch, wie das ja manchmal bei Reuter ist, so komisch dasteht, dann wandle ich das auch ab, transformiere es gewissermaßen innerlich, als wenn ich's hören würde, und so spräche ich es dann auch aus. Das ist an sich eine ganz nützliche Methode, mit dem Problem fertig zu werden.

Auf dem Gymnasium gab es damals schon eine plattdeutsche Arbeitsgruppe, so in den dreißiger Jahren, genauso wie es eine plattdeutsche Bühne gab. Da machten die unterschiedlichsten Leute mit. In dieser Arbeitsgemeinschaft für plattdeutsche Sprache und Kultur habe ich alles kennengelernt. Ich konnte mir auch solche plattdeutschen Bücher ausleihen, die es zu Hause bei meinen Eltern nicht gab. Und meine Großeltern lasen nicht viel.

Wenn ich jetzt nach oben fahre, spreche ich mit allen plattdeutsch, die es können, auf dem Lande dort und an der See. Ich muß dazu sagen: wen es trifft, denn so gut ist mein Plattdeutsch nicht mehr. Ich spreche eben auch mit dem Bürgermeister, und wer so kommt, platt. Aber das war schon in meiner Kindheit so, daß man keinen Unterschied machte. In der Georgstraße, wo meine Großeltern wohnten, gab es in der Nachbarschaft einen alten Major. Seine Nichte, ein hübsches, niedliches Ding, wohnte bei ihm. Und wenn sie sich trafen, so über die Straße weg, ging auch alles plattdeutsch zu.

Im Plattdeutschen spielt das, wenn man sich begegnet, ja keine Rolle. Da gibt es diesen gesellschaftlichen Abstand nicht. Wie in der Geschichte mit dem Großherzog, wo der Erbpächter nach Schwerin kommt, auf dem blanken Parkett ausrutscht, und als ihn der Großherzog aufheben will, fällt er auch hin. Und da sagt der Bauer zu ihm: »Na, Hoheit, blieben S' man sitten, wat wi uns to vertellen hemm', dat kœnen wi uns ok in'n Sitten seggen«. Durch das Plattdeutsche verschwindet die unangenehme gesellschaftliche Distanz, was aber immer bleibt, ist Respekt.

Es ist auch nicht wahr, daß die Mecklenburger grob, plump und schwer miteinander umgehen. Man muß sie sprechen hören, dann merkt man, daß ihre Rede etwas ganz Leichtes hat. Die Beeinflussung des anderen durch das Plattdeutsche ist längst nicht so massiv, als wenn ich hochdeutsch rede. Natürlich kann ich heute im technischen Bereich, in Physik und Chemie etwa, mit Plattdeutsch nichts ausrichten, aber die Eindringlichkeit des Plattdeutschen, um sich *menschlich* verständlich zu machen, die ist doch noch ungebrochen groß. Ich habe das Gefühl, Plattdeutsch ist so, wie ich Leitungsarbeit mit leichter Hand mache, meine Leute ansehe, und sie wissen, was los ist, ohne daß ich laut zu werden brauche (wer mich schon mal hat schreien hören, kriegt 'n Taler).

Raum und Sprache

Ich bin natürlich dafür, daß Plattdeutsch eine Sprache ist. Ich kenne alle europäischen Länder und weiß, wer alles für sich beansprucht, eine Sprache zu haben. Sprache ist, wo ein Raum da ist und eine bestimmte Selbständigkeit in diesem Raum für diese Sprache mit einer Abgrenzung. Niederländisch und Flämisch, das sind ja, ganz unbestritten, auch

Sprachen, und Mecklenburg ist, als es nach den Wenden christianisiert wurde, im Gegensatz etwa zu Thüringen, auch immer eine Art Raum geblieben, bis auf die »Südschweden« in Vorpommern – das sag' ich nur, weil Sie von dort sind. Es war nie, wie Thüringen, ein Kreuzweg aller Kulturströme. Mecklenburg hat ein bißchen am Rande gelegen und dabei eine gewisse Eigenständigkeit entwickelt. Das Thüringische ist ein Sprachgebiet, das in Kleinstregionen mit sehr kleinen Gruppierungen aufgeteilt ist. In Mecklenburg kenne ich eigentlich nur drei große sprachliche Gruppen. Das ist einmal das Plattdeutsch an der Küste in Rostock, Stralsund, Wismar, Rerik, das sehr durchsetzt ist mit seemännischen Ausdrücken, wie »bibrassen« und vielen anderen. Die gehören zur Seglersprache und sind sehr weit verbreitet, aber nicht im Binnenland. Dann gibt es das Plattdeutsch aus der Hagenower Gegend, das ist für mich auch eine Gruppe. Ich habe hier in Jena einen Friseur, der aus der Gegend stammt und mit dem ich zur Freude aller anderen immer plattdeutsch spreche. Hier versteht uns keiner, es ist, als wenn wir Chinesen wären. Wir amüsieren uns beide immer köstlich, wenn wir plattdeutsch sprechen, aber wir sagen doch beide ziemlich was andres. Es ist eine andere Art und ein anderer Tonfall. Ich weiß, daß ich jetzt übertreibe, aber mir scheint, der plattdeutsche Singsang in Oldenburg ist der eine Grenzwert, und unsere tiefe Aussprache mit dem rollenden »r« ist der andere. Dazwischen liegen viele Möglichkeiten. Die Neustrelitzer mit ihren verballhornten französischen Ausdrücken sind für mich die dritte Hauptgruppe in Mecklenburg. Das Plattdeutsche hat ja gemeinsam mit dem Holländischen und Flämischen und auch mit dem Angelsächsischen die vielen feststehenden Redewendungen. Sie stammen aus der Arbeitswelt oder der Seebezogenheit dieser Gebiete und sind feste Elemente des Sprachgebrauchs geworden.

Platt trägt seinen Standard in sich

Aber was es im Plattdeutschen nicht gibt und was ich immer empfinde: es gibt kein »substandard«-Plattdeutsch, und ein »upper class«-Plattdeutsch gibt es auch nicht. Dann ist es kein gutes Plattdeutsch mehr. Plattdeutsch hat seinen Standard in sich. Die einfachen Leute sprechen im Grunde das gleiche Plattdeutsch wie die Gebildeten. Die Schöpfungen aus dem Sprachgebrauch, die heute dazukommen, sind regional unterschiedlich, auch in der Qualität. Der eine ist dichter dran am Plattdeutschen, der andere ein bißchen weiter weg. Ich merke ja, wenn mir Worte fehlen, einfach, weil ich's zuwenig spreche, dann muß ich etwas Plattdeutsches machen, und dann geht's eben manchmal schief. Man sollte dann doch lieber das hochdeutsche Wort nehmen.

Platt und Wissenschaft

Wir Mecklenburger sprechen ja oft auch in Berlin plattdeutsch, manchmal schon, um die andern zu ärgern. Wenn es allerdings Fachwissenschaftliches ist oder Außenpolitik und Abrüstungspolitik betrifft, dann nehmen wir schon Hochdeutsch. Plattdeutsch reicht da nicht aus. Man müßte zu viele Wörte aus dem Französischen, Englischen oder Hochdeutschen reinschießen, und dann ist die Sprache im Eimer. Wenn ich Cruise Missiles sage und hinterher plattdeutsch weiterrede, paßt es nicht zusammen. Dafür wäre mir das Plattdeutsche auch zu schade. Man kann heute mit Plattdeutsch nicht auskommen, und wenn man alles hineinplattdeutscht, wird es 'ne komische Geschichte.

In den Jahren, als ich im Ausland viel reden mußte und erst wenig Englisch sprach, habe ich mir oft mit Plattdeutsch weitergeholfen. Wenn es nicht gerade Engländer waren, mit denen ich zu tun hatte, dann habe ich einfach einen Satz, den ich englisch nicht zu Ende kriegte, plattdeutsch zu Ende gesprochen. Dann haben die zwar ein bißchen erschrocken gehorcht, sich dann aber wohl gesagt, wenn es Ägypter oder Inder waren, na ja, so gut verstehen wir eben auch nicht Englisch. Und damit habe ich mich ganz gut durchgeschwindelt. Der Jubel bei den Dolmetschern war riesengroß, wenn ich wieder einen halben plattdeutschen Satz untergebracht hatte.

In Guinea-Bissau haben wir sogar mal eine plattdeutsche Sendung aufgenommen, gleich nach der Befreiung. Wir flogen zu einer Tagung, zu der die DDR das Dolmetscherteam mit der technischen Anlage stellte. Der Tontechniker kam aus Schwerin, und mein stellvertretender Generalsekretär vom Friedensrat, Fritz Ratich, war auch ein Mecklenburger. Und als wir wieder mal irgendwo saßen und warteten, da hatte der Tontechniker eine Idee: Wir machten eine plattdeutsche Sendung. Und es entstand die plattdeutsche Sonntagssendung: »Drei Mäkelbörger an de Westküst von Afrika« mit Musik – bum bum – im Hintergrund. Das war eine einmalige Sache.

Kein Pflichtfach Plattdeutsch

Wie sehr man sich heute der Pflege des Plattdeutschen annehmen sollte, hängt davon ab, ob man es wieder mit deutscher Gründlichkeit betreibt oder ob man die Freude an der Sprache in den Vordergrund stellt.

Wer Freude an der Sprache hat, soll sie sprechen, und dem sollte man helfen. Aber man soltle kein Pflichtfach Plattdeutsch einführen. Ich weiß auch nicht, ob eine Sprache, auch das Niederdeutsche, eine Funktion haben muß. Sie ist ein Stück Kultur, und bei der Kultur wird man auch nicht fragen, wie sie sich funktionell weiter bewährt oder nicht bewährt. Es gibt eine Kulturlandschaft, eine Kultursprache. Und aus der Vielfalt dieser gewachsenen Sprachkulturen erwächst eine besondere Schönheit des Deutschen und auch diese hochentwickelte differenzierte Sprache.

Paßt in die Landschaft

Alle diese Elemente sind eine Bereicherung für die Sprache und für die Menschen, die in dieser Landschaft leben. Und das paßt ja auch in diese schöne, herrliche flache Landschaft – nicht wie hier, wo man dauernd gegen einen Kalkberg kuckt – wunderbar hinein, diese getragene, ruhige Sprechweise des Mecklenburgers. Hier, wo es immer rauf- und runtergeht, muß man sich nicht wundern, wenn die Leute schnell reden. Aber dort, wo man kilometerweit geradeaus kuckt und den nächsten Kirchturm immer sieht, da ist dieses etwas behäbige, gemütliche Plattdeutsch ganz genau richtig. Es würde in diese Landschaft mit ihren Tälern und Einschnitten, die mal so und mal so verlaufen, gar nicht reinpassen.

Kultur muß leben

Es ist natürlich auch so, wenn wir sagen, Sprache ist Kultur, und Plattdeutsch ist damit ein Stück Kultur, dann dürfen wir sie nicht konservieren, denn dann geht sie automatisch zugrunde. Man muß mit ihr schon lebendig umgehen und sie weiterentwickeln. Schlimm ist es für mich immer da, wo in Wirklichkeit nur etwas bewahrt wird. Das ist dann so wie mit dem Volkstanz, das kann auch zu einer großen Plage werden, ebenso wie alles okulierte plattdeutsche Brauchtum. Die Sorben gehen meiner Meinung nach sehr geschickt mit ihrer Kultur um, auch mit ihren Volkstanzgruppen, aber sie haben ja auch einen richtigen Kampf geführt um ihre Sprache. Nur bewahren, das heißt einwecken, und eingeweckte Kultur ist tot. Das hopst noch darin rum in dem Glas, aber es ist nichts mehr. Kultur muß leben, und ich muß sie entwickeln, und insofern finde ich es gut, wie es jetzt läuft mit dem Plattdeutschen. Und die Exzesse, die vorkommen, sind Jugendstil auf plattdeutsch, Gartenlaube auf plattdeutsch. Das gibt's natürlich heute auch.

Erika Dunkelmann

Geboren 1913 in Rostock,
Schauspielerin, zuletzt
in Rostock,
lebt in Ahrenshoop.

Mötst di nich argern,
hett keenen Wiert,
mötst di bloß wunnern,
wat alls passiert.
Mötst ümmer denken,
de Lüd sünd nich klok.
Jeder hett Grapen,
du hest se ok.

Ein einziger, mühevoller hochdeutscher Satz

Was einem so aus der Kindheit in Erinnerung bleibt, sind ja oft ganz winzige Sachen, die scheinbar belanglos sind, aber sie haben sich festgesetzt. Meine beiden Großeltern sprachen nur plattdeutsch, sie konnten hochdeutsch nur mit Mühe sprechen. Ich habe von meiner Großmutter mütterlicherseits, die ich innig liebte, nur einen einzigen hochdeutschen Satz gehört, und der gehörte in eine Geschichte, die sie erlebt hatte. In fürchterlicher Erregung erzählte sie uns von einem Einkauf im Warenhaus Zeeck. Sie wollte Garn kaufen, sei unentschlossen gewesen bei der Auswahl, und eine »panotzige« Verkäuferin habe sie ausgeschimpft. Und diese Scheltworte versuchte sie nun so wiederzugeben, wie sie ihr widerfahren waren, nämlich hochdeutsch, was für sie wie eine Fremdsprache war. Mich hat die Geschichte wegen dieses für sie mühevollen Satzes so angerührt, und allein deshalb habe ich sie behalten.

Sprache fürs Spontane

Meine Eltern sprachen mit ihren Eltern nur plattdeutsch und wir mit diesen Großeltern auch. In meinem Elternhaus liefen Hochdeutsch und Plattdeutsch ganz selbstverständlich nebeneinander her. Beides wurde gebraucht. Ich kann nicht sagen, daß ich Plattdeutsch »gelernt« habe, ich habe es ebenso unbewußt aufgenommen wie Hochdeutsch. Meine Mutter war, was Ernährung und Erziehung betraf, damals schon eine sehr moderne Frau. Sie sprach auch mit uns nicht dieses Kinderpapperlapapp, nicht »Ballaballa« und »Hottehü«, sondern korrektes Hochdeutsch oder Plattdeutsch. Plattdeutsch war die Sprache fürs Spontane, für die kurze Mitteilung, Anweisung, Aufforderung: »lat af, gah weg, kumm her«, und für den Streit. Das ist in unserer Familie bis heute so geblieben. Selbst meine Töchter geraten heute noch ins Plattdeutsche, wenn sie ärgerlich werden. Ich habe mit meinem Mann gewöhnlich hochdeutsch gesprochen, mit einigen plattdeutschen Einsprengseln. Wenn es mal krachte, das kam natürlich vor, dann wurde die Auseinandersetzung spätestens nach dem dritten Satz plattdeutsch ausgefochten. Und sofort war die Schärfe raus aus dem Streit. Ein hochdeutscher Satz war dann wie ein Hieb.

Worte für die Seele

Was plattdeutsch gesagt wurde, kam aus dem Unbewußten, dem Emotionalen, dem Vertrauten, während das Hochdeutsche für uns bei solchen Anlässen etwas im Innersten Fremdes war. Das gilt für mich noch heute, sogar im Denken. Ich brauche Plattdeutsch nicht, weil es notwendig ist für die Verständigung, sondern so, wie wir es seit eh und je in unserer Familie gebraucht haben: um etwas leichter zu sagen, herzlicher, wärmer und liebenswürdiger. Es muß aber erst ein Vertrauensverhältnis da sein, man muß es spüren, ob es möglich ist, plattdeutsch zu sprechen, man sollte nicht versuchen, um jeden Preis, auf plattdeutsch Kontakte herzustellen.

Ich weiß, wer hier in Ahrenshoop platt spricht, wir kennen uns, und es gibt Leute, mit denen ich nur platt rede, nicht während der ganzen Unterhaltung, aber bestimmte Dinge gehen nur auf platt. Der Wortschatz ist nicht so reichhaltig wie im Hochdeutschen, viele Wörter, die mir aus meiner Kindheit noch geläufig sind, gibt es nicht mehr. Aber gerade für die seelischen Bereiche hat Platt viel schönere und präzisere Ausdrucksmöglichkeiten.

Schon zur Zeit meiner Großeltern erörterte man die Frage, ob Platt einer Mundart oder eine Sprache sei. Ich meine, es ist auch heute noch eine Sprache, und ich glaube, man kann das auch belegen. Für mich ist sie in bestimmten seelischen Verfassungen das einzig mögliche Ausdrucksmittel. Ich identifiziere mich mit ihr so sehr, daß ich in ihr auch träume, wonach bei Sprachen ja oft gefragt wird.

Auch echtes Platt erlernbar

Übrigens ist Plattdeutsch auch wie eine Fremdsprache erlernbar. Das habe ich mehrfach beobachtet. Es gab hier früher auf dem Fischland eine niederdeutsche Laienbühne. Das waren die Tonnenreiter, die im Winter plattdeutsche Stücke einstudierten. Sie hatten einen hinreißenden jugendlichen Liebhaber und einen herrlichen komischen Typ! Als ich die beiden kennenlernte, stellte sich heraus, daß es Umsiedler aus dem Osten waren, die erst nach '45 in Ahrenshoop Platt gelernt hatten. So gibt es manche hier, die nicht ortsansässig sind und doch ein echtes, prächtiges, derbes Platt sprechen. Zum Teil sind sie als Kinder hierhergekommen und haben die Sprache ihrer neuen Heimat unbewußt angenommen. Die Älteren haben sie gelernt, weil die Einheimischen sie sprachen und so eine Distanz abgebaut wurde.

Mein kleiner Enkel war in einem Plattdeutschzirkel und hat dort mit einer sehr echten Klangfärbung sprechen gelernt. Da in seinem Elternhaus kein Plattdeutsch gesprochen wird, konnte er nur, was er gelernt hatte, kleine Gedichte oder Geschichten, vortragen. Das war richtiger Sprachunterricht, der leider abgebrochen wurde. Aber bestimmt werden andere auf diese Weise mehr lernen und es auch anwenden. Deshalb meine ich auch, daß Plattdeutsch eine Zukunft hat. Die Behauptung, man habe früher mehr Platt gesprochen, kann ich aus eigener Erfahrung für die letzten siebzig Jahre nicht bestätigen. Seit meiner Kindheit ist, glaube ich, in den Städten nicht mehr und nicht weniger Platt gesprochen worden als heute, auch allgemein in der Bevölkerung nicht.

Er erzählte

Deutlich zugenommen hat in der letzten Zeit das Interesse an plattdeutscher Literatur. Wenn ich nur daran denke, wie schnell die Bücher meines Mannes vergriffen waren und wieviel Zuhörer seine Lesungen hatten! Das Erscheinen seines zweiten Buches »All nich so eenfach dat Leben« – die eine Erzählung spielt hier auf dem Fischland – hat er nicht mehr erlebt. Die Titelgeschichte hat autobiographische Züge. Ich liebe das Buch deshalb so sehr, weil wir daran viel gemeinsam gearbeitet haben. Alles, was er schrieb, überreichte er mir mit dem Standardsatz: »Wenn Du mal 'n bäten Tiet hest, denn läs dit mal«. Das hieß sofort. ›Sofort‹ war ich nicht immer in Stimmung und hätte es dann auch nicht gerecht beurteilen können. Aber wenn ich es gelesen hatte, sprachen wir darüber, waren uns einig oder nicht, und was er erläuterte, überlegte und begründete, floß ein in seine Geschichten. Er erzählte.

Gefühlsseligkeit und Provinzialität

Nach meiner Meinung ist die plattdeutsche Literatur am schönsten in der Erzählung, im Gedicht, im Lied, in der Anekdote. Nicht im Roman. Bis auf Fritz Reuters »Stromtid«, die wir jedes Jahr wieder gelesen haben, kenne ich keinen wirklich großen niederdeutschen Roman. Das hat vielleicht doch etwas mit dieser Sprache zu tun. Das Wissen, daß man nur einen bestimmten Leserkreis ansprechen kann, verführt die Autoren zu Provinzialität. Sie verfallen auch leicht ins Sentimentale und in große Gefühlsseligkeit, wenn es um ihre Heimatsprache geht.

Wie mittelhochdeutsch

Über Relativitätstheorie kann man sich sicherlich nicht plattdeutsch verständigen. Ich halte auch nichts von den Versuchen, hochdeutsche Wörter gewaltsam ins Niederdeutsche zu übertragen. Diese kantigen Umschreibungen haben sehr viel Ähnlichkeit mit Wortungetümen, die früher im Hochdeutschen erfunden wurden, um Fremdwörter zu ersetzen. Es hat auch keinen Zweck, Wörter und Begriffe, die im Laufe der Jahrzehnte aus der plattdeutschen Sprache verschwunden sind, wiederbeleben zu wollen. Das wird dann so ein Platt, wie es uns die westdeutsche Talkshow manchmal vorführt. Ebensogut könnten wir anfangen, uns mittelhochdeutsch zu unterhalten. Auf der anderen Seite sind in der Sendung manchmal Gesprächspartner, die kaum noch Platt können und hochdeutsche Wörter benutzen, die leicht durch plattdeutsche zu ersetzen wären. Es ist für sie offensichtlich keine Umgangssprache mehr.

Können Sie sich vorstellen, daß man sich in China für Platt interessiert? Ich habe eine verblüffende Geschichte erlebt, als ich 1954 mit einer großen Delegation in China war. Als wir dem chinesischen Minister für Kultur vorgestellt wurden, fragte er mich: »Sprechen Sie plattdeutsch?« Er bat mich, ein paar Sätze plattdeutsch zu sagen und sie ins Hochdeutsche zu übersetzen. Sprachwissenschaftler war dieser Mann und ein bekannter Lyriker!

In Moskau habe ich in einem Fahrstuhl platt gesprochen, um nicht verstanden zu werden, aber das ist mir schlecht bekommen. Neben mir stand ein sowjetischer Offizier, lachte und sagte: »Alles verstanden«.

Kann man sich mehr ferne Aufmerksamkeit für unsere Sprache wünschen, als daß ein Chinese und ein Russe sich für sie interessieren?

Herbert Ewe   Geboren 1921 in Wilhelmsdorf
bei Stettin,
Dr.sc.phil, Dr.h.c., Archivar,
Professor für Historische
Quellenkunde,
wohnt in Stralsund.

Erst Piep in'n Brand
und denn Peerd ut'n Groben.

Hoch mit Paster un Köster

Wi hemm' to Hus platt räd't. Ik kam ut 'n kleen' Buerndörp,
ut Wilhelmsdörp (Wilhelmsdorf), dat weer inne Gägend von
Stettin, noch up diss Siet von de Oder. Sprachlich gesehen
möt man woll seggen, dat is dat Gebiet vom mittelpommer-
schen Keil. In uns Dörp weern so bi fiefhunnert Inwohners,
meist Buern un Handwerkers, œwer ok Arbeiters, de tomeist
na Stettin to Arbeet föhrten. In dat Dörp wür' plattdütsch
räd't, un dat is de Sprok wäst, de ik toerst hört heff. Wenn ik
mi richtig besinnen do, denn hett mien Großvadder, de nä-
gentig Johr olt worden is, in sien' ganzen Läben woll bloß
mit twee Lüd hochdütsch räd't, mit den Paster un mit den
Köster. Köster heet de Lihrer bi uns. Süss räd'te he bloß
platt. Mien Großvadder weer Bur. Sien Buernhoff weer nich
allto grot, œwer ümmerhen fast tweehunnert Johr in Besitz
von unse Familch. De olle Fritz hett dat Gebiet dor anne
Oder domols, wie man so seggen deet, kolonialisiert. Un dor
is denn een, de so heet wi ik, ansässig worden, un so sünd
denn 'ne ganze Reeg von Generationen ümmer up denselben Hoff wäst. Un de hemm' wohrschienlich ok ümmer platt
räd't.

Mien Vadder jedenfalls, mien Mudder nich ümmer. Mit
de Frugens weer dat 'n bäten anners. Miene Schwestern
hemm' väl eher anfungen, hochdütsch to räden, wenn se
mit anner tosamenkemen. De Jungs, de räd'ten bloß platt-

dütsch. Un as de Buernbengels in de eenklassige Dörpschool kemen, denn har de Köster sien Don dormit, uns von de plattdütsche Sprak wegtobringen un uns up hochdütsch ümtospulen. Dat weer woll 'n bäten schwierig. Ik wür bi denselben Köster inschoolt, bi den mien Vadder all wäst is.

Regionale Unterschiede

Ik bün also platt rädend grot worden, un de plattdütsche Sprok hett mi eigentlich ok nich mehr losloten. Manchmol heff ik den Indruck, as wenn ik ok plattdütsch denken do. Ik weer in Stettin up een Fachschool, un dat ganze Unnerrichtsprogramm weer natürlich hochdütsch, dat güng' ja nich anners. Oewer de Fachschüler, de keemen ut verschiedene Dörper üm Stettin rüm, ok bäten wierer weg, un inne Pausen wür' platt räd't. Mi weer dat ümmer ganz interessant, domols hett man ok schon Unnerschiede im Platt markt un registriert. Wi hemm' ja 'n bäten anneres Platt as de Vörpommern anne Küst. As ik hier boben henkeem, heff ik mit Vergnögen mi de Utdrücke anhört, de dat bi uns nich geef. »Dat Schapp« hett bi uns keener secht. Wi harn 'n »Spint«. Hier »führt man mit'n Toch«, bi uns »föhrte man mit'n Zuch«. Wi seggen »Peerd« un nich »Pierd«. Wie hemm' ganz gewiß väl mehr hochdütsche Wür' in unsen Platt. Bi uns künn man ok nich seggen »dat heff ik ›Se‹ vertellt«. So regionale Unnerschiede gifft dat ja sogor up Hiddensee. Ik bün dor tämlich oft wäst, un wenn man genau henhört, denn kann man utmoken, dat de Lüd ut'n Süden, also in Niegendörp, lütt bäten anners räden as boben in Grieben. De Klang' von de Sprok is anners, nich de Wür'!

Unse Nachborn sünd beid up Hiddensee geburn. Wi hemm' uns ümmer wunnert, dat se nich väl miteinanner räden, wenn se in'n Gorden sünd oder up de Terrass' sitten don. Wi wüßten ok nich, ob se eigentlich hochdütsch oder plattdütsch miteinander räden deden, mit uns räd'ten se bloß

hoch. Neulich heff ik se ees fraacht. De Fru keek mi an, grief-
lacht und säd: »Dann würden wir uns aber sehr komisch
vorkommen, wenn wir miteinander hochdeutsch redeten«.
Un so is dat ok bi mi, wenn ik mit mienen Broder tosamen
bün. Dat geiht gor nich anners, as dat wi beid platt räden,
dor ward keen Wurd hochdütsch secht. Plattdütsch weer
doch uns Muddersprok. Wenn ik nu in uns Dörp to Besök
keem, von de School oder as Soldot, ik dörf nich mol versöken 'n hochdütsches Wurt to seggen, süss harn de dacht, de
hett woll 'n lütten Vogel, bi denn stimmt' woll nich. Ik heff
in mien ganzen Läben mit Platt to don hatt, bet hütigendags.

Platt hett noch bi jede Arbeit hulpen

In Leipzig bi't Studium seet ik bi den ollen Baetke – he
weer früher Studienrat in Bargen (Bergen) up Rügen – in't
Seminar un mök Altnordisch. Obens kemen wi denn noch
so'n bäten privat bi em tosomen. He rokte sien grot Piep an,
de Fru mök Tee un Schmoltenstullen, wat domols na'n
Krieg wichtig weer. Un denn hemm' wi Reuter läst. Ik heff
mi dorbi tweemol œwer Reuter freuen künnt: œwer sien
»Franzosentid« un œwer de sächsischen Studentinnen, de
nu Reuter läsen deden.
    In'n Winter '49/50 keem ik na Gripswold (Greifswald).
Dor sökten se denn bi de Geographen eenen, de Platt künn.
Un so keem dat up mi, dat ik de Flurnamen von Rügen un-
nersöken müßt. Ik bün losföhrt mit'n kaputtet Fohrrad, har
keen Geld, œwer väl beläft heff ik mit de Lüd up Rügen!
Wenn ik so mit de Ollen tosamen sitten un klœnen dee,
hemm' se oft schon na fief Minuten to mi secht: »Ja, Platt
kœnen S', œwer von hier sünd S' nich«. Dat hemm' de sofort hört un markt. Ees keem ik na so'n Ollen hen, will mit
em räden, œwer dat sall denn sien Dochter moken. »Wat Se
willen, kann se ok seggen«. Ik packte miene Karteikorden ut,

wie man dat so moken deet, un heff denn fraacht, wecke von disse Namens se noch kennen dee un so wierer. As ik farig weer un mi verabschieden do, dunn stünn se vör mi, schlööch de Hänn' œwer den Kopp tosamen un säd: »Wie is't mœglich, dat man hütigendags mit so wat sien Geld verdeenen kann!« Ik heff Platt späderhen ok in mien Beruf goot bruken künnt, denn de Urkunden vör sössteihnhunnert weern ja all plattdütsch. Platt hett mi bi jede Arbeit hulpen.

Ken Bref up platt

Ik räd ok Lüd platt an, von de ik weeten do, dat se platt räden un Platt verstohn. Dat gifft dorvon ok in unse Stadtverwaltung noch 'ne ganze Reech. De Oberbürgermeister von Stralsund kann Platt, de Sekretär för Agitprop bi de Kreisleitung kann Platt, de Stadtrat, de för uns Archiv tostännig is, is Fischersœhn un mit Platt grot worden. Plattdütsch is för mi sehr wichtig wäst bi miene Arbeit mit de Handwerkers von de Stadt. Mit de heff ik so lang wie ik hier wirtschaften do, un dat weern œwer dreißig Johr, to don hatt. Von Anfang an hemm' wi bloß platt sproken. De Lüd hemm' sich erst ümmer ok woll fraacht, wat, Dokter is er, Professer is er, un denn räd't er platt? Oewer se hemm' mi dat afnohmen, un wi hemm' allns up platt verhannelt. Kort un knapp, väl Brimborium wür' bi de Arbeit nich mokt. Ik heff mit miene Meisters ok plattdütsch telefoniert, wenn ik mit de wat to don har, bloß 'n Bref heff ik up platt nie schräben. Ik räd gern platt, un ik glöf ok, dat man mit Platt väl lichter 'n goden Kontakt to de Lüd kricht, ahn dat dat 'n jovialen Ton hett. Dat is, glöf ik, 'n groden Vordeil dorbi. De plattdütsche Sprok is mi so sympathisch, weil de so wat besonners Persönlichet hett.

Ik will Se dat vertellen. De kemen hier mit ehrn Westfern-
sehn an, mit dissen »Talk op platt«. Worüm dat nu so up in-
glisch »Talk« heten möt, weet ik nich, un dat geföllt mi nich,
œwer dor har ik ja nich œwer to befinden. De ganze Sendung wür' platt mokt. Ik heff mi dat bi de annern anhört, un
dor güng dat ok ganz goot: een Schipper vertellte, wie dat so
an Buurd is, un de anner seet an'n Wäftau un verklorte se
ehr Arbeet. Un ik müßte Stralsunner Stadtgeschichte behan-
neln, un dat güng nich. Hier liggen dütlich de Grenzen. Dat
gifft Dinge, de laten sich in platt nich vernünftig utdrücken.
Wäl von de niegen Wür' kann man in platt nich bruken:
»Computer« geiht nich, un »Butenminister« geiht ok nich,
dat wür' keener seggen. Wäl, wat hüt mit de Wür' makt ward,
dormit se platt warden, is krampfig. Dat sall man sien loten,
Plattdütsch ward liekers nich unnergohn, dat hett Tokunft,
dorför ward de niege positive Bewertung ok woll mit sorgen.
Ik find dat goot, dat wi Platt nu bäten mehr plägen. Dat ward
de Lüd ermuntern, mehr platt to räden. Denn ward sik dat
ok ännern bi de Kinner. Miene Enkelkinner hemm' mien
Fru doch fraacht: »Was redet Opa eigentlich für eine Sprache?« Denn ik räd to Hus mit mien Fru platt, ok wenn se
bloß hoch räd't, se versteiht mi œwer. Se is in Pantelitz grot
worden, de Öllern kemen ut Westfolen un weern in West-
preußen, de hemm' nich platt räd't.

Ik heff 'n sehr schönes plattdütsches Sprichwurt, dat is so
mien Wurt, un dat sech ik ümmer wedder. Dat meent, dat
man sich bedenken mütt, ruhig œwerleggen un nich glieks
mit Karacho rangohn sall an eene Sak: »Erst Piep in'n Brand
un denn Peerd ut'n Groben«.

Horst Gienke

Geboren 1930 in Schwerin,
Theologe, Dr. h. c.,
Bischof der evangelischen
Landeskirche Greifswald,
wohnt in Greifswald.

*Herr Gott, nu geiht mien
Dachwark an, nu stah mi 'n
bäten bi, dat ik mien Daun
vollbringen kann, as deest
du dat dörch mi.*

Mutter liebte Hochdeutsch

Meine Muttersprache ist das Hochdeutsche. Ich kann mich
gut erinnern, daß mein Vater mit seiner Mutter, mit Freunden und bei seinen Verwandten plattdeutsch sprach, aber
meine Mutter habe ich nie plattdeutsch reden hören. Sie war
gegenüber dieser Sprache sehr skeptisch, obwohl sie sie beherrschte. Sie hatte ein sehr persönliches, inniges Verhältnis
zum Hochdeutschen. Offenbar wollte sie mir diese Liebe zur
hochdeutschen Sprache von klein an weitergeben und meine
sprachliche Entwicklung vor schädlichen Einflüssen bewahren. Trotzdem bin ich mit dem Plattdeutschen sehr früh vertraut geworden auf eine Weise, die für mein späteres Leben
und auch mein Wesen sehr bedeutsam war.

Großvater erzählte auf platt

Ich hatte einen Großvater, der als Handwerksmeister in
Schwerin lebte. Als ich etwa drei Jahre alt war, mußte er sein
Geschäft aufgeben und hatte nun viel Zeit. Jeden Morgen
kam er zu uns zum Frühstück, und danach ging er mit mir
spazieren. Er war ein einfacher, aber sehr nachdenkli-

cher und weiser Mann. Gewöhnlich redete er hochdeutsch, aber wenn er mir etwas erzählte, dann auf plattdeutsch. Ich war als Kind häufig krank, so daß unsere morgendlichen Spaziergänge ausfallen mußten. Dann setzte sich der Opa zu mir ans Bett und erzählte plattdeutsche Märchen. Nun ist es ja keineswegs selbstverständlich, daß ein Handwerksmeister Märchen erzählt, aber er konnte es, denn seine Mutter war eine in der Familie gerühmte, begnadete Märchenerzählerin gewesen. Es waren ganz einfache Geschichten, Tierfabeln, in denen »Voß un Wolf« die wichtigsten Figuren waren, aber auch spannende, interessante Märchen, in geradezu künstlerischer Gestaltung, wie etwa die Geschichte von »de schneewitte Katt«. Auch die Geschichte von »Jan Bär«, einem Jungen, der unter Bären aufwächst, ist mir besonders in Erinnerung geblieben. Es waren auch Erzählungen darunter von Kaisern und Königen, von Audienzen beim Alten Fritz, Erzählstoffe, die ich zu meinem großen Erstaunen später in Versen bei Fritz Reuter wiedergefunden habe. All dies waren für meinen Großvater und mich »Märchen«. Er kannte sie von seiner Mutter, hatte sie tief verinnerlicht und konnte sie nur plattdeutsch erzählen. Auf mich haben sie einen eigenartigen Zauber ausgeübt, und ich weiß nicht, ob das durch die Persönlichkeit meines Großvaters, den Inhalt der Erzählungen oder die plattdeutsche Sprache ausgelöst wurde. Wer will das hinterher auseinandernehmen?

Elementares Verhältnis zum Wort

Für mich sind diese Erzählstunden deshalb so wichtig geworden, weil ich damals ein elementares Verhältnis zum Wort bekommen habe. Ich erfuhr, daß das Wort nicht allein Informationsträger ist, sondern heilende Kraft hat. Immer wieder besiegte mein Großvater mit seinen »Märchen« meine Krankheit, er setzte den Genesungsprozeß in Gang, und ich wurde gesund. Diese Kraft des Wortes, die für meinen Beruf und meine Frömmigkeit etwas ganz Wichtiges geworden ist, habe ich zuerst mit der plattdeutschen Sprache erlebt. Das Hochdeutsche war demgegenüber lange Jahre hindurch für mich lediglich ein Kommunikationsmittel und hatte nicht dieselbe seelische Bedeutung. Diese Dimension der Sprache übernahm in meiner Frühzeit offensichtlich das Plattdeutsche. Deshalb hat die plattdeutsche Sprache für meine ganze Entwicklung eine sehr viel größere Bedeutung gehabt, als es die hochdeutsche Erziehung im Elternhaus erkennen läßt.

Platt vor der Haustür ablegen

Plattdeutsch sprach ich auch auf der Straße bei unseren Spielen und in den Elternhäusern meiner Freunde. Ich bin in Schwerin in einem Arbeiterviertel großgeworden, in das meine Eltern zogen, als ich zur Schule kam, weil mein Vater, der Beamter war, an der Miete sparen wollte. Ich bin immer glücklich darüber gewesen, daß ich in dieser Gegend großgeworden bin, weil ich von daher einen ganz natürlichen Zugang zu vielen einfachen Menschen bekommen habe und zu ihrer plattdeutschen Sprache. Ich konnte damals nicht verstehen, warum ich zu Hause nicht plattdeutsch sprechen durfte, sondern es vor der Haustür ablegen mußte. Meine gute Mutter betrachtete es fast als eine Vorstufe von Schande, als ich mein Straßenplatt noch mit ins Gymnasium hinüberretten wollte.

Platt auf dem Lande

Nur auf dem Lande durfte ich es sprechen, und ich hatte dazu genug Gelegenheit, weil wir unsere Verwandten, wie jeder richtige Mecklenburger, auf dem Lande hatten. Der Bruder meines Vaters war Gutsinspektor auf Poel, und in den Ferien haben wir dieses Paradies von Herzen genossen. Dort habe ich auch meinen plattdeutschen Wortschatz erweitert. Denn die Sprache auf dem Land war anders als unser simpler plattdeutscher Stadtjargon. Alle Bereiche des Lebens wurden hier plattdeutsch bewältigt, und für die Arbeitsvorgänge brauchte man zusätzlich einen sehr differenzierten Wortschatz. Ich lernte ihn durch Zuhören.

Fritz-Reuter-Bühne

Das gilt auch für die plattdeutsche Literatur. Ich habe von klein auf an gerne Theater gespielt, und für mich ist bis heute Worttheater die Krone des Theaters. Als ich etwa dreizehn oder vierzehn Jahre alt war, faszinierten mich die Vorstellungen der Fritz-Reuter-Bühne in Schwerin. Namen wie Richard und Ursula Spethmann sind mir noch sehr deutlich in Erinnerung, und ich weiß auch noch, daß ich mir die Theaterkarten selber kaufte und dafür oftmals auf ein heiß begehrtes Karl-May-Buch verzichtete. Später habe ich den Kontakt zu den Plattdeutschen Bühnen verloren, nicht aus Absicht, sondern aus mangelnder Zeit.

In der Schule, auf dem Gymnasium hat man nichts getan, um Liebe und Interesse zum Plattdeutschen zu wecken, da spielten auch Fritz Reuter und John Brinckman im Literaturunterricht überhaupt keine Rolle.

Kontakte zur Gemeinde erleichtert

Ich habe Plattdeutsch später gebraucht und bewußt genutzt, als ich sieben Jahre Gemeindepastor in Blankenhagen bei Rostock war. Damals gab es in unseren Dörfern viele Leute aus allen Teilen des Vaterlandes, so daß man sich genau überlegen mußte, welche Sprache man bei den Hausbesuchen wählte. Es konnte unangemessen und verletzend sein, wenn man plattdeutsch sprach, aber bei Einheimischen habe ich es doch als große Erleichterung empfunden, Kontakte durch das Plattdeutsche herzustellen. Es ist offenbar ein wichtiger emotionaler Wert, wenn der Pastor plattdeutsch sprechen kann. Ich denke, auch heute sollten sich unsere Pastoren ein bißchen bemühen, das Plattdeutsche wenigstens so weit zu beherrschen, daß die Leute selber unbeschwert plattdeutsch reden im Umgang mit ihrem Pastor, und er sollte von sich aus zu erkennen geben, daß er offen ist gegenüber dieser Sprache. Ich freue mich über die neuen Versuche, der plattdeutschen Predigt dann und wann einen Platz in unseren Gottesdiensten zu geben. Ich weiß aber nicht, ob der ganze Gottesdienst, die ganze Liturgie plattdeutsch gehalten werden muß, ob alle Lieder plattdeutsch gesungen werden sollten, wie es jetzt angestrebt wird.

Gebet eines Fahrensmannes

Leider hat man schon im 17. Jahrhundert in unserem Sprachgebiet nicht mehr plattdeutsch gebetet. Um so überraschter war ich, als ich unlängst bei einer Gemeindevisitation ein eindrucksvolles niederdeutsches Gebet gehört habe, das ein Fahrensmann seit fünfzig Jahren betet und das er selber weiterentwickelt hat:

>»Herr Gott, nu geiht mien Dachwark an,
>nu stah mi 'n bäten bi,
>dat ik mien Daun vollbringen kann,
>as deest du dat dörch mi.
>Un giff mi eenen kloren Kopp
>un eenen goden Mot,
>un paß 'n bäten för mi up,
>ik glöf, denn ward dat got.
>Lat mi nich bang' warden un nich grugen,
>sonnern di glöben un vertrugen.«

Das hat Würde und ist doch plattdeutsch gedacht.

Biblische Botschaft auf platt

Der Reiz einer plattdeutschen Predigt liegt im richtigen Verwenden der mundartlichen Bilderwelt. Anders als im Hochdeutschen stehen hier handfeste Bilder bereit, man kann sie komponieren und mit ihnen viel anschaulicher erzählen. Das ist auch so im plattdeutschen Neuen Testament, dessen Neuauflage gerade erschienen ist und bereis nach kurzer Zeit vergriffen war, zu unser aller Überraschung. Das zeigt, daß Menschen wirklich Freude daran haben, die biblische Botschaft auch in plattdeutscher Sprache zu lesen. Das eigentliche Feld, auf dem im kirchlichen Raum Plattdeutsch gedeihen kann und Gutes bewirken, wird nach wie vor das vertrauenschaffende Gespräch sein. Ich empfinde für mich aber auch sehr deutlich die Grenzen dieser Sprache, die mir vermutlich durch meine mangelhafte Beherrschung des Plattdeutschen gesetzt sind und dadurch, daß es doch nicht in der letzten Tiefe meines Wesens verwurzelt ist. So kann ich mir viele Dinge, die für mich wichtig sind, im Plattdeutschen nicht vorstellen. Auch wenn es um die Bewältigung des Todes geht oder um die Leiderfahrungen der Menschen, habe ich immer das Empfinden gehabt, ich würde die Not der Menschen nicht wirklich ernst nehmen, wenn ich im Plattdeutschen bleibe. Aber es gibt viele Gelegenheiten, in denen ich in meine hochdeutsche Rede plattdeutsche Sätze und Wendungen einflechte.

»Lat af, Johann!«

Für mich hat das Plattdeutsche die große Gabe, Spannungen aufzulösen und kritische oder komplizierte Situationen zum Guten zu beeinflussen. Das wirkt fast wie ein Zauber. Wenn jemand zum Beispiel zu große Worte macht oder Behauptungen aufstellt, an die man nicht glaubt, sag' ich ganz einfach: »Lat af, Johann«, und dann, denke ich, ist ein Signal gegeben; keiner ist verletzt, und die Realität ist doch plötzlich wieder nahe. Das Plattdeutsche hat eine ungemeine Kraft zu einer liebenswürdigen Nüchternheit. Es ist eine Nüchternheit, die nicht strohern und blutleer ist, sondern mit ihr macht es Spaß zu leben. Von daher hat das Plattdeutsche für mich etwas mit dem christlichen Glauben zu tun, weil es uns immer wieder diese Desillusionierung gibt, ohne daß man den Schwung und die Freude am Weitermachen darüber verliert. In einer hektischen oder angespannten Situation spreche ich nicht plattdeutsch. Wenn mir ein plattdeutscher Satz unreflektiert auf die Lippen kommt, signalisiert mir das seelisches Gleichgewicht und ruhige Ausgeglichenheit.

Seelische Werte

Ich glaube nicht, daß wir eine große Renaissance des Plattdeutschen vor uns haben in dem Sinne, daß es zu einer zweiten Umgangssprache wird. Mir scheint, daß es heute vor allem zwei Bevölkerungsgruppen sind, für die diese Sprache Bedeutung hat: eine bestimmte Schicht von Intellektuellen und die arbeitenden Menschen. Zwischen diesen beiden Gruppen scheinen mir aber im Augenblick gar keine Brücken zu bestehen. Ich beobachte zudem mit Genugtuung, daß es unter unseren leitenden Funktionären durchaus Leute gibt, die plattdeutsch sprechen, aber im offiziellen Bereich sind da natürlich Grenzen gesetzt. Ich denke, daß das Plattdeutsche auch zukünftig nicht nur als Kommunikationsmittel, sondern auch als Träger seelischer Werte erhalten bleiben wird. Und das neue Interesse vieler Menschen an dieser Sprache hängt, vermute ich, auch mit diesem Empfinden zusammen, daß hier etwas transportiert wird, was man mit hochdeutschen Sprachmitteln nicht kann.

Heinz Gundlach

Geboren 1936 in Rostock
Diplomjournalist, Dr. phil.,
Mitglied
des Rates des Bezirkes Rostock
für Kultur,
wohnt in Rostock.

*Mit Plattdütsch in dat
tweet Johrdusent?
Kann sin, kann nich sin,
kann œwer doch sin.*

Kannst du nich hochdütsch räden?

Ik bün in Rostock geburn und plattdütsch upwussen. Mein
Vater war Bauernsohn und ging, weil er auf dem Lande
nicht zurechtkam, Anfang der dreißiger Jahre in die Stadt
und wurde hier Arbeiter im Tiefbau. Er hat zu Hause offensichtlich mit meiner Mutter das Platt ein bißchen gemieden,
um uns Kindern den Start in der Stadt und in der Stadtschule nicht zu schwer zu machen. Ja, ich glaube im Ohr zu
haben, daß man zu uns sogar manchmal gesagt hat: »Kannst
du nicht hochdütsch räden?« Also da war diese Angst davor,
daß das Plattdeutsche Bildungschancen nehmen könnte.
Up'e Strat un inne Schaul, wenn wi unner uns wiern, wür natürlich bloß platt snackt, man dat hürte schlagordig up mit
Kriegsenn'. Von dem Moment an, wo von allen Seiten Bewegung in unsere gewohnte Umwelt hineinkam und sich als
Folge des Krieges Menschen aus verschiedenen Teilen Euro-
pas ansiedelten, die zwar deutsch sprachen, aber natürlich
nicht plattdeutsch. Es hing offenbar auch damit zusammen,
daß das Niederdeutsche nicht ganz ungetrübt von Blut und
Boden aus der Nazizeit kam. In der ganzen Zeit der Jugend-
organisation – und ich war immerhin seit 1946 im Kinder-
land der Freien Deutschen Jugend, in der Kindervereini-
gung, dann in der Pionierorganisation, in der FDJ – haben

wir kein einziges plattdeutsches Lied gesungen. Das hat natürlich niemand verboten. Es ergab sich wie von selbst.

Wann und wie ist das Niederdeutsche zu mir zurückgekommen? Dadurch, daß wir auf der Straße, so um 1950, '51, '52, wieder angefangen haben, plattdeutsch zu reden. Fiefunföftig heff ik Abitur makt, un dat is so de Tiet, wo Horst Klinkmann hier ok Abitur makt hett, wi güngen in eine Schaul, un dor würd unner uns natürlich platt snackt, ok in'n Sport un so. Denn güng ik na Leipzig, dor wier dat unner Landslüd, Mitstudenten, 'ne Freud', wenn man plattdütsch snakken künn. De annern, de künn' dat nich verstahn, man künn wat Besondres. Un man künn ok mal wat vertellen, wat de annern nich hüren süllen.

Ein natürlicher Teil unseres Lebens

Meine Wiederbegegnung mit dem Plattdeutschen verdanke ich eigentlich auch noch einem Manne, an den ich gerne denke. Bei uns im Haus wohnte ein gebildeter, belesener Werftarbeiter, Georg Wulf, ein Mann, der auf mein Wissen und das meines Bruders großen Einfluß hatte. Er hat uns viel von der Welt erzählt und seiner Weltsicht, und er war Hamburger. Ich habe eigentlich bei ihm zu Hause durch gemeinsames Rundfunkhören, Tonbänder, viel Erzählen wieder Freude am Platt gefunden. Von Schorsch habe ich plattdeutsche Lieder gelernt, wie zum Beispiel »Wie sünd Hamburger Kätelklopper«. Wat weet ik süss œwer de Kätelklopper von Blohm un Voss? Und das waren nachher die Jahre, die ersten Jahre der '50er, wo auch bei uns zu Hause wieder plattdeutsch gesprochen wurde. Es wurde wieder ein ganz natürlicher Teil unseres Lebens. Meine Pflegemutter, die auf der Werft arbeitete, und meine Tante sprachen platt und brachten uns Tarnow bei. Diese Seiten des humorigen Niederdeutschen lernte man auf diese Art und Weise kennen und hatte eigentlich mehr Freude an der Darstellungsfähigkeit der Tante als an Tarnow selbst.

Dann gibt's einen weiteren Einschnitt in meinem Verhältnis zum Niederdeutschen, und das war, als ich 1961 nach dem Studium als Journalist bei der Ostsee-Zeitung tätig wurde. Es wurde plötzlich wieder für mich ein notwendiges, auch ein liebenswertes Mittel zur leichteren Kontaktaufnahme mit Menschen aus anderen Berufen. Und eine der wesentlichsten Lehren meines Berufslebens habe ich damals auf plattdeutsch erfahren.

Un dat will'k nu doch kort vertellen. Es gab hier '68 einen sehr, sehr schweren Winter. Als der Winter auf dem Höhepunkt war, sagte der Chefredakteur in einer Redaktionssitzung, wir müßten alle ausschwärmen an die sogenannten Brennpunkte des Lebens, wo die Werktätigen gegen Eis und Schnee kämpften, und über ihren heldenhaften Kampf berichten. Und dabei saßen wir im warmen Redaktionssaal. Ik heff dacht, ik will mal to de Lotsen na Warnemünn' führen, de weeten wenigstens noch wat to vertellen, de annern de hemm' sich an dissen Winter schon längst gewöhnt, odder de Sünn schient wedder, wenn ik kam. Ja, und es war auch strahlender Sonnenschein an diesem Sonntag, als ich nun endlich zu den Warnemünder Lotsen fuhr, und Tausende von Rostockern gingen am Strand spazieren. Ich ging zur alten Lotsenstation und werd da ja so eine Wendeltreppe hochgehen und mich so hochdrehen in einen Raum, und ich sehe hinten in der Ecke drei mir alt erscheinende, offenbar aber im besten Arbeitsalter stehende Männer. Sie saßen um einen Kanonenofen herum und tranken Kaffee. Und wenn'k mi nich ganz mächtig täusch, hemm' de ok noch Korden spält. Und de keeken denn so in miene Richtung, un de ein', de keek mi so'n bäten von'e Siet an un secht: »Na, mien Jung', wat wisst du denn?« Und ich erklärte ihm mein Anliegen, daß ich wegen des schweren Kampfes gegen den Winter komme, und fragte, was es für Vorkommnisse mit den Schiffen auf Reede gegeben hätte. Und he keek mi an, und de annern de keeken mi ok an. Und ein', de schüttelt den Kopp un secht denn so nadenklich für sich: »Nee, Jung', du kümmst ok ümmer, wenn allens vörbi is.« Das hab' ich später bei uns in der Parteiversammlung erzählt als ein Beispiel dafür, wie die Leute über die Aktualität unserer Zeitung denken.

Nicht nur humorig

In diesen Jahren habe ich auch angefangen, plattdeutsch zu lesen, und das verdanke ich, glaube ich, Fritz Meyer-Scharffenberg. Ich habe als Kulturredakteur immer den Buchbasar in Rostock besucht, und Fritz Meyer-Scharffenberg hat mir dort eines seiner Bücher geschenkt und sehr selbstbewußt, aber auch herausfordernd hineingeschrieben: »Ok Platt is wat!« Ja, und der Stachel saß. Das muß etwa so '67 gewesen sein. Größten Eindruck bei der Lektüre und beim Hören hat auf mich merkwürdigerweise nicht das Humorige des Niederdeutschen gemacht, sondern die neuen sozialkritischen Töne in Liedern von Oswald Andrae und Helmut Debus über die Deichbauern, die sich die Unterdrückung nicht gefallen ließen, oder das, was Piatkowski/Rieck aus der '48er Revolution und ihrem Echo in Mecklenburg geschaffen haben. Denn richtig gefallen mir die, die gegen den Stachel gelöckt haben, so wie wir immer die zurückliegenden Jahrhunderte daraufhin durchleuchten und befragen werden, wo war da Aufruhr, wo hat einer sich das nicht gefallen lassen, wo hat einer gesagt: »Fri sall he sin!«

Es ist eben nicht nur humorig, das Niederdeutsche, sondern oft auch hintersinnig, doppelbödig, manchmal auch kraftvoll selbstbewußt.

Gegenwärtig ist es, was z. B. Lieder auf plattdeutsch betrifft, so, daß das Angebot schwankt zwischen den »Plattfööt« und Piatkowski/Rieck, die ich sehr gern höre. Ich finde, beides hat seine Berechtigung. Wir sollten nicht neue Gralshüter werden und sozusagen nur den letzten ausgefeilten Gedanken auf plattdeutsch zulassen. Für mich widerspiegeln die »Plattfööt« auch Alltagsleben in der DDR. Sie werden von breiten Kreisen des Volkes angenommen und gern gehört, so wie man am Niederdeutschen immer zuallererst das Unterhaltende zu schätzen weiß. Auf mich haben andererseits Leute wie Gerd Micheel und Uwe-Detlev Jessen großen Eindruck gemacht, die ich für bedeutende Interpreten des Niederdeutschen halte. In der Literatur ist es Klaus Meyer mit »Zuckerkauken un Kœm«, da ist das Humorvolle, das so gar nicht Hinterhältige, aber das Hintergründige auch über das Heute, und es läßt sich ja doch im Niederdeutschen vieles so ganz anders sagen als im Hochdeutschen. Dat gifft ja so väl, wat bloß up platt geht. Wat ik mag, is, wenn so'n Gespräch so'ne Wärme kriegt.

Manchmal einzelne Zeilen

Wenn man an Kindheit denkt, wenn man an to Hus denkt, dat geiht natürlich bloß up platt, weil dat ja uns Kindheit wier. Ik heff mal so'n por Rädensorten. Ik weet, dat mien Großmudder öfter to uns secht hett: »Leckertähn, magst ok gräun Seep?« Dat keem immer denn, wenn uns ein besonderer Leckerbissen in't Hus stünn. Oder: »Rallööchst du all wedder?« Ik weet gor nich, wie'k dat œwersetten sall. Und ik mark jetzt ok: manchmal kommen einzelne Sätze un ok Zeilen hoch, wo man den ganzen Zusammenhang gor nich mehr weet. Oder ut'n Gedicht, wie dat schöne, de ganze minschliche Situation erfatende »Ik segg di nu adschüs«. All dat möt in unsen Alldach fast inbunnen sin, un denn hett dat Plattdütsche ok sienen Platz un brukt sich nich krampfhaft bemühen, sich nu ok noch mit Mikrochips un mit Schlüsseltechnologien utenannertosetten. De Wissenschaften, de laten sich nich up platt referieren, dor vertüdelt man sich. Man markt denn ok, dat man sülben unsicher ward, un man geiht automatisch up hochdütsch. Diese ganzen Versöke mit dat Oewersetten, so as tau'n Biespiel dat »Kiekschapp«, dat licht mi nich. Entweder 't gifft dorför 'n ornlichet Wurt oder nich, vergewaltigen will'n wi dat Plattdütsche nich. Wat up platt nich geiht, kann man ok hochdütsch seggen.

Mit Fieslinge ward nich platt spraken

Wenn ich mit anderen spreche, oder wenn ich außerhalb unseres Bezirkes zu tun habe und Menschen zu mir sagen, erzählen Sie doch mal was, wir hören Sie so gerne, dann bitten sie darum, vielleicht nicht wegen der Gedanken, die ich äußere, sondern einfach wegen der Sprachmittel. Damit fängt alles an, wir sprechen offensichtlich ein bißchen langsamer als andere, wir sprechen sehr klar betont, und man kann es auch verstehen. Und dann ist es wohl auch durch die Jahrhunderte gelungen, ein paar Lebenserfahrungen in kurze Formen zu gießen. Das ist wirklich ein Kunstguß. Zum Beispiel, wenn twei Olle up'e Dörpstrat sitten, Ende Oktober, un so'n bäten wehklagen un seggen: »An'n Dach is nicks mihr an. Man hett to rieten un to racken, dat man to abend dun ward.« Auf eine kürzere Formel kann man es nicht bringen. Ja, es gibt auch Signalworte, wenn mir zum Beispiel jemand einen Menschen, der einen kleinen Schuß Hinterlistiges hat, mit dem einen Satz beschreibt: »Dat is'n ganz schönen Schleif«, dann weiß ich Bescheid. Dazu braucht man sonst eine lange Kaderbeurteilung! Und dann ist mir noch eins aufgefallen: Plattdütsch spräkt man nich mit jeden, also mit Fieslinge ward nich platt spraken! Ik spräk bloß platt mit Lüd, de ik lieden kann oder to de ik ne Brü' slagen will. Ich spreche auch nicht plattdeutsch, wenn ich merke, daß es mir oder dem anderen irgendwie peinlich ist. Wenn ich aber einen Gesprächspartner habe, von dem ich annehmen muß, daß er so aufgewachsen ist, dann frag' ich schon mal über ein, zwei Worte vorsichtig an, ob he denn dit ok kann un mag. Und wenn ja, und wenn he mi denn noch secht, dat em dat freut, dat so'n Studierten ok Platt kann, denn räd ik plattdütsch.

Der Grat is schmal

Plattdeutsch hat etwas Lösendes, Entkrampfendes, wenn man sicher ist im Gebrauch. Aber man muß natürlich auch darauf Rücksicht nehmen, daß sich Gesprächspartner aus anderen Gegenden unseres Landes nicht in irgendeiner Weise dadurch irritiert und ausgeschlossen fühlen. Ich glaube, insgesamt gibt es eine große Förderung und Tolerierung des Plattdeutschen auch durch diejenigen, die es nicht sprechen, worüber man sehr froh sein kann. Ich finde, wir sollten uns der Schönheit des Niederdeutschen immer selbst bewußt sein. Und wir sollen uns an ihm erfreuen. Wir sollten es aber nie dazu benutzen, uns abzukapseln! Wir sollten es nie zulassen, daß das Plattdeutsche zurückfällt in einen provinziellen, in sich gekehrten Mißbrauch. Der Grat is schmal. Ich merke es, wenn man das Plattdeutsche nur braucht, um bei einem Volksfest die Buden mit plattdeutschen Schildern zu garnieren oder sich beim Publikum anzubiedern. Wenn es aber gleichzeitig ein Volksfest ist, bei dem neben vielem anderen auch niederdeutsche Lieder gesungen und mecklenburgische Tänze getanzt werden, dann gehört es mit dazu. Man muß aufpassen, daß es nicht tümelt.

Natürlich ist es heute auch ein bißchen Mode. Aber ich habe keine Angst davor, man darf vor Moden überhaupt nie Angst haben. Es wird so viel niederdeutsche Literatur gedruckt, wenn die alle gelesen würde, würde es ja an allen Straßenecken klingen. Nein, davon bin ich fest überzeugt, daß es heute auch etwas Modisches hat. Es hat aber auch eine weitere Komponente für mich, dieser Drang zum Niederdeutschen, nämlich: genauer zu wissen, wie diejenigen sprachen, sangen, tanzten, lebten, die vor uns hier waren. Das ist ja die Triebkraft, die Leben in Tradition eigentlich reicher macht. Vielleicht ist es auch bei dem einen oder anderen noch ein bißchen die Vorstellung und Sehnsucht, daß damals die Welt heil war. Deshalb dieses Sichhingezogenfühlen zu manchen Schwänken, wo man nur so auf die Knie hauen kann, die aber natürlich nicht das Leben dieser Zeit darstellten, sondern eine Unterbrechung in der schweren Alltagsarbeit waren. Sie waren damals in einem schweren Leben Insel, aber sie brauchen ja heute nicht zur Insel zu werden. Und man müßte mal weiterdenken, um genauer zu beschreiben, worin das Besondere besteht.

Nein, keine Lebensform

Für mich ist jede Sprache, auch der kleinste Dialekt, einmalig wertvoll wie eine seltene Pflanze oder ein vom Aussterben bedrohtes Tier. Man muß Sprache wie ein Denkmal schützen, und am sichersten ist ein Denkmal geschützt, wenn es sinnvoll von der Gesellschaft genutzt wird. Die Gefahr kommt ja hin und wieder, daß einem andere einreden wollen, Plattdeutsch sei eine Lebensform. Da wird es für mich unannehmbar, da wird es dann plötzlich landsmannschaftlich. Für uns ist Plattdeutsch der ganze Reichtum der

Sprache, der Gefühlswelt, der Welt, die die anderen Sinnesorgane wahrnehmen, in den kulturellen Zeugnissen, die aus den zurückliegenden Jahrhunderten, aus dieser Landschaft kommen. Aber das Niederdeutsche ist für uns keine Ideologie. Es ist eine Kommunikationsform, aber es ist damit nicht automatisch und ständig ein Verhältnis zu einer Klasse verbunden. Sprache kann ja immer nur vor allem Mittel, Träger sein. Deshalb dürfen wir uns trotzdem eine Heimatgebundenheit nicht ausreden lassen. Man darf weder Provinzialist noch Kosmopolit sein. Und dazwischen bewegen wir uns ganz gut.

Platt neben Hochdeutsch

Plattdeutsch ist für mich ein wunderbares zusätzliches Kommunikationsmittel. Es nimmt auch heute die Zahl derjenigen zu, die uns durch den Gebrauch von einzelnen plattdeutschen Redewendungen zu verstehen geben wollen, daß sie das Plattdeutsche annehmen und selber gebrauchen, was mitunter einen leichten Schuß Peinlichkeit haben kann. Ich glaube aber – und Sie wissen so gut wie ich: Wer das nicht mit der Muttermilch aufgenommen hat, wird es nicht richtig lernen. Ich finde, es ist irgendwie eine traurige Besonderheit dieser anspruchsvollen Sprache, daß sie derjenige, der sie nicht über viele Jahre im täglichen Leben benutzt, nicht fehlerfrei sprechen kann. Ich kann aber natürlich nicht beurteilen, ob die Zahl derjenigen, die aktiv niederdeutsch sprechen, zunimmt oder abnimmt. Mein Eindruck ist, vielleicht ist es auch meine Hoffnung, daß es nicht weniger werden.

Wenn das Plattdeutsche sich heute einen festen Platz in den Medien erobert hat, dann sind solche Erscheinungen alle nur ein Beweis dafür, daß man sich der Wirkung des Niederdeutschen auf die Menschen bewußt ist. Das alles ist noch in Entwicklung begriffen. Ich glaube, das Entscheidende der '70er Jahre war, daß wir denen, die sich beruflich mit dem Niederdeutschen beschäftigen und die wichtige Sammlung und Dokumentation der niederdeutschen Kulturzeugnisse betreiben, das zuverlässige und sichere Gefühl gegeben haben, daß die Hinwendung zum Niederdeutschen kein zeitweiliger Pragmatismus unserer Kulturpolitik ist. Der Gewinn an Vertrauen und Wissen war vielseitig. Und was das Niederdeutsche im Verhältnis zwischen beiden deutschen Staaten betrifft, so ist es auch dort nichts anderes als ein zusätzliches Kommunikationsmittel. Nich mihr, œwer ok nich weniger.

Carl Hinrichs   Geboren 1903 in Nürnberg,
Maler, lebt in Schwerin
und Heidekathen.

Weck sünd so klook, dat
se to nicks mihr to
bruken sünd.

As Torfstäker in'n Teufelsmoor

Ja, dat sünd allens so'ne Saken mit dat Plattdütsche. Nich,
dat ik 'n groten Plattdütschen warden will, dat is woll de
Sinn nich, un Heimattümelei, so wat mag ik ok nich. Ik bün
so'n Minschen, de mit Plattdütsch in sien Läben œwerall
dörchkamen is. Ik bün mit Platt bet na Westfalen rupkamen,
ik bün in Worpswede wäst un as Torfstäker in'n Teufelsmoor
bi Bremen. Ik heff in Hamborg up'e Warft bi Blohm & Voß
arbeid't, dor spröken wi ok platt. Dor wiern don väl ut Mäkelborg, sogar de Stratenbahnfahrers kemen mihrstendeels
ut Rostock oder Wismar. De Holsteiner hemm' 'n anner
Platt snackt, de hemm' ganz narsche Wür' dormank. In Mäkelborg geef dat ja ok verschiedene Mundorden. Dor hett jeder, von Hus to Hus, wat anners an sik, de snacken nich all
gliek. Dat gifft bi uns Wür', de secht keen Hamburger, to'n
Bispill »wunäf«. Dor har'k eis inne Frömd 'n Wismarer an
utmakt. Wi hemm' in Mäkelborg ja keenen Dialekt, wi
hemm' 'ne Sprak, und de is urolt, de is väl öller as dat Hochdütsche. Dialekt is dat, wat de Leipziger maken. Unse Sprak
finnen Se œwerall in Urkunden un Räknungen und so wieder. Wi kœnen de hüt nich mihr so gaut läsen, œwer dat
Reutersche un Brinckmansche Platt is ok schwer to läsen.

Ik heff eignlich bloß ümmer räd't. Ik bün so'n Verteller wie in Indien, de sitten dor up'e Strat un hollen de Lüd up, dormit dat se wat köpen daun bi de Marktfrugens. So mak ik dat mit Se nu ok. Ik räd leiwer platt as hoch, denn verstahn S' mi väl ihrer, weil ik denn »mir« un »mich« nich verwesseln do. Aber ich kann auch hochdeutsch sprechen! Ik heff Plattdütsch eignlich œwerhaupt nich lihrt. Mien Vadder künn sihr gaut Platt, he is ja'n Schweriner wäst. Mien Mudder, de stammt ut Hessen, is in Paris geburn un wier in Basel, Metz un Siedenhofen. De hett Platt ihrst lihrt, as mien Öllern 1905 von Nürnbarg na Schwerin treckt sünd. Bi ehr hett sik denn Hochdütsch un Plattdütsch un lütt bäten Französ'sch mischt. Wi wahnten don in Schwerin anne Peripherie. De Lüd von »Hinnenhoff«, so hett de Strat heiten, spröken all platt. Dat wiern Ackerbörgers, Handwarkers, Arbeiders, Klutenpedders un lütte Angestellte. Dachlöhners geef dat hier in Schwerin ok noch, bloß keene Fabrikarbeiders, weil dat keene Fabriken geef. Ik bün in ne Hölten-Tüffel-School gahn, und dor hemm' wi Jungs ok bloß ümmer plattdütsch räd't.

Ik spräk dat Schwerinsche Platt, dat is dat städtische Platt. Ik sech nich »Kauh«, ik sech »Koh«. Dat anner Platt is'n bäten grœwer, œwer bäder is uns' ok nich, dat is all gliek got. Inne Rostocker Gegend säden de ja ok »lat de Dör tau« und »Kauh« und »Hauhn«. De Residenzstadt Schwerin wier doch feiner in'n Ton dörch den Hoff un dörch de välen Beamten. De Honoratioren, de spräken ja ok platt, in'n Hus, und wenn se abens in'n Rathus säten.

Mi hett dat ümmer gefollen, dat väle Lüd in Schwerin platt räd'ten, nich bloß de, de arm wiern, ok de Rieken. Mien Fru, de mi vörricht Johr döt bläben is, stammte ut 'ne hoge bürgerliche Familie. De sprök ok platt.

Frömde wiern hier früher nich väl. Hüt gifft dat, glöf ik, gor keene richtigen Schweriner mihr. Meenen Se, ik drap hier noch weck? Dor sünd nu so väl taukamen, nu is dat so'n Misch-Mäkelborg worden. Dat güng '45 los un hürt bet hüt nich up. Oewer de Sprak geiht ja nich weg, de verännert sich bloß dörch de Tauwannerten, un wat dor bi rutekümmt, dat ward sik ierst na Johren wiesen.

Dat sünd noch väl, mit de räd ik bloß platt. Mit wecker is dat ok verschieden. Wenn de Doktor to mi secht: »Na, wo kümmst du her?«, kricht hei von mi 'ne plattdütsche Antwurt: »Dat wi'k di genau seggen, ik kam ut ...«. Wenn hei to mi secht: »Wo kommen Sie her?«, denn möt'k ja seggen: »Ich komme aus ...«. Un wenn ik mit 'ne Dam tausamen bün, de nich Plattdütsch kann, denn spräk ik mit ehr hoch.

Mit mien Jung' in Hamborg räd ik bloß platt. Oewer ik heff to em secht: »Du büst keen Mäkelbörger mihr, du büst all'n Hamborger worden, du rädst nich mihr so as ik. Du makst jetzt up hamborgisch, weil du di hier schenierst, dat du 'n Mäkelbörger büst«. Dat heff ik nie makt, ik bün ok in Hamborg un Bremen wäst, ik heff mien Sprak nie unnerordnet un nicks annahmen. Bloß in München und Frankfurt, dor müßt ik hochdütsch räden, süss harn de Lüd mi ja nich verstahn.

Biller von Postkorden

Mit mien Malerie hett dat all inne Schooltiet losgahn. Teeknen wier dat eenzigst, wo ik keen Fief krägen har, meist ümmer 'ne Twee orrer 'ne Een. Ik heff up de Buernhüser 'n Adebor mit'n Nest rupmalt un ümmer so'n Klapperkram. Dor wier ik Favorit in, un de Jungs wüßten dat, un wenn ik irgendwat hemm' wull, denn müßt ik bloß teeknen. Mien

Vadder hett mi af und an so'n lütten Tuschkasten schenkt, un denn heff ik bi Tante Augusten Biller von Postkorden afmalt. Ümmer wenn ik wedder een farig har, hett se dat mit Reißbrettstifte baben œwer de Couch an so'n gestickten Stoff, wo sik twee Rehbück up begägnen don, anpinnt. Dat wier bi lütten all 'ne Galerie.

Malen ut'n Kopp

Un denn säd mien Vadder eenes goden Daachs: »So, nu mal ma ut'n Kopp.« Ik sech: »Ut 'n Kopp? De malen doch all af.« – »Ne«, secht he, »dat daun de nich, un du hest doch inne Schaul ok all wat ut'n Kopp malt.« Dat stimmte. Dat wier 1912, as de Titanic unnergüng. Uns Mudder har uns dat grote Unglück mit alle Einzelheiten vertellt, un all de Nawers räd'ten von nicks anners, ok inne Schaul. Ik künn mi dat genau vörstellen in miene Phantasie, de düstre Nacht un de armen Minschen, de nu in dat ieskolle Wader rümsägelten, un denn bün ik bigahn un heff dat inne Schaul up'e Tafel malt: Von dat grote Schipp bloß de Spitz, de noch ruterkiekt, un den Schostein mit lütt bäten Qualm dorut, un de välen Minschenköpp, de dor mank de hogen Wellen in't Wader schwemmen deden. De Lihrer fröcht, as de Stunn' anfüng', wecker dat malt hett. »Dat wier Corl Hinrichs«, säden de Jungs, un mi sprüng de Angst ut'n Hals. Oewer hei säd bloß: »Du hast Talent, mien Jung'.« Dat wier de Anfang von miene Malerie ut'n Kopp.

Liekers heff ik späderhen noch öfters wat afmalt. As se mi nägenhunnertfiefunvierdig noch intreckt harn, keem ik mit väle Österreicher in so'n KFZ-Toch na Teplitz-Schöna hen. »Wo seins här?« fröcht mi de Majur. – »Ut Schwerin.« – »Wo licht denn dös?« – »Anne Ostsee« – »Ach, Fischer seins?« – »Nö, Maler.« – »Denn kannst du ja meine Frau malen.« – »Aber Ihre Frau ist doch gar nicht da!« – »Aber doch hier auf der Postkarte.« Un denn heff ik 'ne ganz lange

Tiet an dit Bild arbeid't. Dat een Ooch wür nich farig! Wenn ik to'n Apell müßt, denn säd ik bloß: »Dat Auge!« Un denn secht de anner schon: »Brukst nich to'n Scheeten.« Un wie dat naher so langsam farig wier, güng de Krieg to Enn'.

Plietsch bi't Verköpen

De best Tiet för miene Malerie wier, as ik as Händler dörch Mäkelborg trocken bün inne dörtiger Johren. Un Plattdütsch heff ik don ok am meisten lihrt. Dat wiern ja all' Platt- dütsche, wo ik kamen bün. Toierst heff ik de Scheepermei- sters fraacht. De seeten buten bi de Schœp, un dat wiern meistens olle Lüd. Von einen heff ik 'ne Teeknung makt, wie he mit sienen Haut un so 'n olle Töl dorsitt und sinniert. De hütigen Scheepermeisters, de kannst' nich fragen. De weeten nich mal, wecke de Hex is in't Dörp. Früher hemm' s' mi denn secht, dor kannst' nich ringahn, de Ollsch is 'ne Hex. Oewer se hemm' nich de Hex meent im hexischen Sinn, bloß dat de Ollsch von Natur so is gägen all de annern. Ik müßt denn ümmer so bäten rutehorken, wecker goot wier un 'n lütt bäten wat köpen dee. Ik bün mit 'n groten Korf up't Rad führt, manchmal föftig Kilometer, morgens um vier ut Schwerin weg bet na Güstrow un Malchin runner. Ik kenn de ganzen Dörper. Mäkelborg is 'n eignes Land un hett sien eigen Landschaft un Architektur, un Mäkelborg hett sien ganz eigen Stimmung, de hier morgens un abens up'n Lann' liggen deit. Ik heff dat jeden Dach wedder frisch in mi upnahmen un müßt dat wedder utströmen. Un dor bün ik bi- kamen un heff mi hensett un malt, œwer ierst, wenn ik wat von mien' Plunner verköfft har:

»Twirn un Band, Schörten- un Linnenband, Krem för de Hänn' un för de Been, Messer, Gabel un Lœpels, Grön Druppen un Hamburger Plaaster, Bösten un Kellen, Rasierklingen un Rasierseep.«

Man müßt ok bäten plietsch sien bi't Verköpen. Mi föll dat nich schwer, ik bün woll würklich 'n mäkelborgschen Schwejk wäst. Ik heff selbst 'n Gotsbesitter, so'n dicken Aas, so'n Deubelskirl, anschäten. De seet baben up'n Pierd un fröch mi: »Was handeln Sie denn da?« Ik haspel mien' Spruch runner. Hei wull Rasierseep. De geef ik em rupper un säd: »Kost' eine Mark fuffzig.« »Oh«, secht hei, »haben Sie nicht eine bessere Sorte?« – »Oh, gewiß«, un ik nähm se wedder trüch, fummel lütt bäten ünner mien Korfdeck rüm un geef em güst de sülwige wedder: »Kost zwei Mark fuffzig.« De hett he köfft. Ne gode Leig is äben bäder as 'ne lege Wohrheit.

De Mäkelbörger hett twee Köpp

Wat ik so beläft heff mit anner Minschen, heff ik mi markt, un denn warden dor lütte plattdütsche Geschichten un Rädensorden ut. Ik gah ok giern na Minschen hen, de mi anrägen don, de wat anne Knaken hemm' un so bäten wat achter de Uhren. De richtige Mäkelbörger hett ja twee Köpp, een' vör to'n Denken un een' achtern, wo he so'ne Saken in behollen deit.

Ik sech dat so as Beuys: Jeder Minsch is kreativ, un jederein hett irgend 'n Talent, un wenn he 'n Witzmaker is oder 'n goden Komiker, oder he is einen, de wat vertellen oder malen deit. Dat gifft nur wenige, de sik argern, dat se't Gahn lihrt hemm'.

Uwe-Detlev Jessen

Geboren 1931 in Wismar, Schauspieler und Chefregisseur am Volkstheater Rostock, Vorsitzender des wissenschaftlich-künstlerischen Beirates beim Mecklenburgischen Folklorezentrum der drei Nordbezirke.

Dei is arm,
dei sich den Dot wünscht,
œwerst dei is noch väl
armer, dei bang' vör em is.

Grotmudder vertellte up platt

Mien Öllern hemm' in Wismar anne Nedderdütsch Bühn
spält, mien Mudder föftig Johr lang, œwer to Hus wür' nich
platt räd't in miene Kinnertiet. Dat hett sicher dormit to
daun, dat de Jung' ornlich spräken süll, un se hemm' dor
bannig up acht', dat ik ümmer hochdütsch räden dee. Ik har
eigenlich bloß mit mien Grotmudder platt snackt, ok inne
Ferien, wenn ik bi mien Grotöllern wier. Dat künn ik mi gor
nich anners vörstellen, as dat de plattdütsch räd'ten. Mien
Grotvadder wier Schaustermeister un 'n sihr fröhlichen Minschen. Bi de Arbeit hett he ümmer sungen, un de Lüd kemen giern to em. Grotmudder har mi inne Schummertiet oft
ut olle Tieden vertellt. Dat wier manchmal richtig tau'n Grugen. Ik erinner mi noch dütlich an de Geschicht von de Pest
in Hamborg, wo bi einen, de schon för dot hollen wür' un
beierdigt warden sall, noch de Tehn wackeln dee. As ik noch
ganz lütt wier, geef dat so'ne Begäbenheit, de se mi späderhen vertellt hemm', denn behollen heff ik dat natürlich nich
mihr. Ik süll nu inslapen un leech allein in't düstere Zim-
mer, un dor heff ik rohrt. Mien Vadder keem rin, un dat

114

künn he nu gor nich af, dat sien Jung' rohrt. Und warum denn? »Uwe bang Schapp«, heff ik secht. Dor wier so'n Lichtgeflirr von't Finster œwer dat Schapp, dat hett mi Angst makt. Mien Vadder wier ganz verbaast, dat ik half in'n Schlap plattdütsch räden dee.

Früh schon Komödie

Inne Schaul hemm' wi, glöf ik, nich väl plattdütsch räd't. Dor wier 'n Oberstudiendirektor Dr. Kleiminger, de hett öfters von Reuter vörläst. Dat wier langwielig un eigenlich to'n Afgewöhnen. He wier denn ok richtig trurig, wenn wi nich tauhürt hemm', so as wenn wi hüt unse Schwierigkeiten hemm' mit de Kinner in de Kinnervörstellung. Oewer ik hoff, dat unse Vörstellungen nich so langwielig sünd.

Mien Öllern sünd denn na Güstrow treckt, un dor heff ik mien Kinnertiet verbröcht un sömundördig ok to'n iersten Mal up de Bühn stahn in dat Stück »Teihn Kinner«. Ik wier dat vörletzt, dat anner leech noch inne Weech, dat wier irgendso'n Popp. Un wie dat so mit'n Jugendgedächtnis is, dor weet ik sogar mien' Text noch: »Wo heeßt du?« – »Hannes.« – »Machst 'n Appel?« – »Jo, giern.« Den Appel künn ik behollen, un föftig Penning kreech ik ok noch dorto. Mien Mudder heff ik denn 'ne »schöne« Sammeltass köfft, kobaltblau, de kreech man dormals noch för vier Mark föftig, un ehr to'n Geburtstag schenkt.

Dat wier 'n richtiget Drama

Späder sünd wi wedder trüch na Wismar, un ik füng inne Nedderdütsche Bühn an as jugendlicher Liebhaber. Dor güng ik noch to Schaul. Dat olle Theater wier '47 afbrennt, un '49 hemm' wi inne Festwoch för dat niege Theater in de ehemaligen Infantriekasernen »Wrack« von Wilfried Wrost spält. Ik spält 'n Sœmteihnjährigen, de to See will un denn

115

ok wegblifft, de sülwige Rull, de mien Vadder twintig Johr dorvor ok in Wismar spält hett. Dat wier 'n richtiget Drama. Mien Mudder wier mien Mudder. Ik weet noch, ik wier so upgerägt un müßt hinner de Bühn La Paloma piepen. De Vörhang güng up, un ik künn nich. Mien Mudder stünn näben mi, un ik sech: »Mutti, ik kann nich, ik kann nich piepen. Kannst du nich?« – »Ach wat«, sä' se, un denn müßt ik, un denn güng dat ok.

Ik heff denn bet to'n Abitur spält, œwer dat ik dat as Beruf maken wür', dat wier mi dormals noch gor nich bewußt. Dat hett ok kein ein to mi secht. Großmudder wull, dat ik Paster, mien Mudder wull, dat ik Lihrer warden süll, un denn bün ik doch Schauspieler worden. Mit Platt füng mien Theaterspälen an, œwer na miene Utbillung bün ik denn to de Hochdütschen kamen. Platt snackt he'k denn bloß in'n Urlaub in Wismar oder mit mien Fru, de ok ut Wismar is. Dat wier so'ne Ort Geheimsprak för uns, wenn de Kinner dat mal nich verstahn sülln oder wenn wi in Berlin in't Theater güngen. Denn hemm' wi uns inne Paus up platt uttuuscht œwer dat, wat wi dor seihn harn. As wi nu na Rostock güngen, denn wull se dat hier ok. Ik sä' to ehr: »Du, de verstahn dat, de sünd doch von hier baben.« Dor har se sich richtig verfiert.

»Theater« un »Späldäl«

Un as ik nu '80 hier na Hus keem – mien Grotöllern hemm' œwer sößtig Johr in Rostock wahnt, un mien Grotvadder wier hier an't olle Stadttheater noch bet 1920 Opernsänger –, dor füng dat för mi eigentlich ierst richtig an mit dat Plattdütsche. Ik kreech den Updrag, to'n Reuterjohr 'ne dramatische Fassung för'n Funk to maken von »Kein Hüsung«. Dor müßt ik mi denn mit befaten un har ok markt, wi schön dat is. Mi hett dat väl Spaß makt. Ik har schon in'n Anfang von miene Berliner Tiet »Hoffnung up Segen«, 'n Volksstück von Heyermans, in't Plattdütsche œwerdragen, œwersett kann man ja woll nich seggen. Dat licht noch bi mi, un ik denk, wenn dor noch 'n bäten wat von afsnäden ward, 'n por Personen rut, denn kœnen wi dat hier späln. Ok wenn dat nichts Lustiges is. Dat is ja bet hüt dat gröttste Problem för de plattdütschen Bühnen. Ik mein, wenn Iernsthaftiges iernsthaft spält ward un de Lü' sik dor ok in wedderfinnen kœnen, also wenn dat nich plötzlich Kunstfiguren warden, denn würn se sik dat ok anhüren, ik mein de, de plattdütsch mœgen. Se maken ja oft 'ne Trennung zwischen »Theater« – dat sünd de Hochdütschen – un »Späldäl« – dat is dat Theater för uns. Se müchten ok, dat de »Späldäl« nich bloß dägliche Begäbenheiten späln deit, dat möt wat Besonneres sien. Un se willn ok weiten, wie dat früher hier wäst is, œwer dat möten gaut makte Geschichten sien. Dat dörf nich drööch vertellt warn, dat möt œwer Minschen gahn. In de »Späldäl« gahn nich bloß weck, de von hier sünd, sonnern ok anner Lüd. Dat hett vielicht dormit wat to daun, dat dat gemütlich is odder dat dor männigmal wat secht ward, wat'n süss vielicht bloß in Kabarett hüren deit. Ok dat dor eis richtig albert ward, wat de Lü' in'n dägligen Läben gor nich mihr kœnen. Ik will dat nich verurteilen, wi in Rostock hemm' so'n Spälplan, wo för alle wat in is, för de, de 'n högernen Spaß hemm' willn oder äben ok mal 'n platten Spaß. All's wat Spaß makt, is gaut för't Läben. Bloß wi hemm' 'ne Verpflichtung, dat dat nich so platt ankümmt un dat de Lü' ok för de hütige Tiet noch wat begriepen. Dormit mein ik nich dat Parteilihrjohr up plattdütsch, dat möten Stücke sien, de mihr œwer dat Läben un de Geschichte lihren. De »Späldal« an'n Volkstheater brukt noch ehr Tiet. Se möt sik ierst unverwesselbor maken, denn kann se ok Leithammel warden för anner Bühnen.

Wat is to wohren un gägen wat

Ja, wat makt man mit dat Platt! Wat is to wohren un gägen wat is to wohren. Dorför bün ik nu ja ok in de Verantwurtung nahmen worden. Wi willn Plattdütsch wohren, weil dat dörch väle Johrhunnerte Sprak von uns Heimat wäst is. Dat de ok hüt noch to bruken is un brukt ward, dat möten noch mihr to weiten kriegen. Wie willn ok dorför sorgen, dat sik de Lü' mit plattdütsche Literatur un Volkskunst beschäftigen daun, de uns hüt noch wat to seggen hett, de Spaß makt un helpt för unser Läben. Wi möten dorbi uppassen, dat wi nich kleinbürgerliche Idyllen entwickeln, Pseudo-Gefühle, Pseudo-Rührungen, Strohdak un Eekbom. Heimat ja, œwer nich Heimattümelei, dor ward mi grugen. De ierste Hymne in'n mecklenbörgschen Landdach nah fiefunvierdig weer ja »Ik weet een Eekbom«, dat hemm' wi naher laten. Hüt spälen wi an'n Volkstheater den »Eekbom« von Heinz Kahlow.

… treckt sich na'n Lief

Dat geef 'ne Tiet, dor harn wi Schwierigkeiten mit de plattdütsche Sprak. Nich de, de dor mit däglig ümgahn sünd, de hemm' wieder plattdütsch snackt. Oewer offizielle Stellen hemm' de Sak nich so truugt. Mit Plattdütsch künn man inne Politik so wenig maken, un viellicht sall man ierst eis dor mit weg. Aber denn hett sich ja doch rutstellt, dat dat Plattdütsche de Völkerwannerungstiet na dissen wahnsinnigen Krieg œwerläft hett un bläben is. Bloß de niege Macht hett woll ierst dacht, dat se mit disse Sprak nich iernst nahmen un nich annahmen und keinen richtigen Respekt nich kriegen würd. Oewer so inne föftiger Johrn hemm' se denn ok markt, dat man sich up plattdütsch oft eins fixer verständigen un manchen Buern bäder œwertügen künn, dat he sienen Hoff in de Gemeinschaft inbringt. Un ut disse Gemeinschaft will nu hüt keiner wedder torüch, de geht't gaut, dat sünd Millionäre. In disse Tiet wür' Plattdütsch noch nich fördert, Nedderdütsch Bühn hett't gäben, un de Lü' sünd ok hengahn, œwer offiziell wier dat doch immer so'n bäten suspekt. Un in de sœmtiger Johren keem dat anners, un nu maracht dat 'n bäten. Oewer ik glöf, dat ward sich wedder gäben, dat treckt sich na'n Lief.

Denn wi weiten: Plattdütsch is hüt nich mihr to alls to gebruken. Dor fählen de Würd ut de Technik, de Wissenschaft, de Philosophie. Sicher is dat mœglich un ok ganz plietsch, dat ein odder anner Wurt to erfinnen, œwer denn möt man's för de annern uk ierst œwersetten, un dorto brukt man wedder Tiet.

Ut 'n Kopp inne Hand

Dat Schrieben möt jederein maken, wie hei dat in sien Uhr hett un ut'n Kopp inne Hand kricht. Dor gifft't ja keine Regeln för. Reuter hett dat ok nich ümmer richtig makt, un hüt schrifft Klaus Meyer äben anners as Erna Taege-Röhnisch, un jeder makt dat so, as hei dat för sich denkt. Ik meen nich de Ünnerscheede von Stadt- und Landplatt: »mak de Dör to« oder »mak de Dör tau«, »Koh« oder »Kauh«, »Breef« oder »Breif«. Dor hemm' wi bi de Nedderdütsch Bühn ümmer sihr up acht, je nachdem ob wi up'n Lann' oder inne Stadt spälten. In Stralsund ward anners snackt as in Wismar, in Tätrow (Teterow) anners as in Schwerin. Dat möt ok so blieben, man kann dat nich vereinheitlichen. Wenn dat allns vermengeliert wür', weit kein ein, wer recht hett, un denn ward dor noch'n Sprakenkrieg ut, un wenn ok nich schaten ward, wat Gaudes kümmt bestimmt nich bi rut.

119

Ik kann mi mit Schauspälers, de von hier baben sünd, bi de Arbeit mit 'n plattdütschen Utdruck oder 'ne Wendung oft fixer verstännigen as up hoch. Wenn ik to em sech: »Mak dat man finienscher«, denn weet he Bescheed. Un dat mœgen de Schauspäler ok ganz giern, œwer nich toväl. Nich, dat se dat Gefäuhl hemm', se warn nich iernst nahmen, dat hett mihr dormit to daun, ob Platt hüt as Sprak anerkannt ward. For mi is Plattdütsch 'ne Sprak, de – wie ok ümmer –, ob nu falsch oder richtig schräben, 'ne Schriftsprak hett. Wenn wi nu seggen, Plattdütsch is 'ne Sprak, denn möt man seggen, de kannst' lihren genauso as Englisch un Russisch. Oewer dor möt noch bäten mihr taukamen. Dat sünd nich bloß Wür', Grammatik und Syntax, wat disse Sprak utmakt. Man möt mit ehr denken un fäuhlen, mit ehr läben kœnen.

Platt hett ok 'ne Signalwirkung. Wenn ik een' bi uns up plattdütsch anräden dau, will ik em seggen, ik bün een' von hier, und dat mag manchmal besonners bi Handwarkers ganz gaut sien. Ik weet œwer nich, ob se sik ümmer freugen daun, wenn 'n Professor kümmt un ok platt räd't. Bi wecke viellicht: Oh, de Professor kann ok Platt! Oewer Professor is so hoch un wat Bäderes, de müßt' eignlich hochdütsch räden un ik mit em ok. Dat kümmt up de Ümstänn' up an, wann un mit wecken un œwer wat man platt snacken kann. Man een blifft: Mit Platt signalisiert man, *ich will freundlich mit dir sein.*

Horst Klinkmann

Geboren 1935 in Teterow,
Dr.sc.med., Dr.h.c.,
Obermedizinalrat,
Professor für Innere Medizin,
wohnt in Rostock.

Afwesslung möt sin,
secht de Voss, dun strök
hei sich den Schwanz gälgräun an.

Hochdütsch is Fremdsprak

Ik heff Plattdütsch einglich as einzige Sprak, un för mi is Hochdütsch ümmer noch 'ne Fremdsprak. Un wenn up miene offiziellen Fragebogen so'ne Fraach is: »Wie viele Sprachen können Sie?«, denn sech ik ümmer: »Plattdütsch is ein' Sprak, un Hochdütsch is de anner Sprak.« Plattdütsch sall ja einglich kein Dialekt sin, sünnern 'ne eigenständige Sprak, un för so'n richtigen Plattdütschen is dat 'ne Beleidigung, to seggen, dat Plattdütsch ok 'n Dialekt is, genau wie Sächsisch, dat kœnen wi nich akzeptieren.

Ik heff bet to mien, ja ik glöf, achtes Läbensjohr blot plattdütsch räd't. Hinnerher wier dat 'n bäten schwierig inne Schaul mit dem »mir« un mit dem »mich«, mit »mein« un »dein« güng dat viellicht 'n lütt bäten bäder. Ok hüt is dat Problem mit »die« Fälle oder mit »den« Fällen im Hochdeutschen manchmal noch nicht so ganz einfach.

Worüm nich inne Schaul?

Ik bün inne Dachlöhnerfamilie grotworden. Mien Vadder is in'n Krieg ümkamen, mien Mudder is kort nah'n Krieg storben, un ik bün denn upwussen mit Grotöllern twischen anner Kinner in Internats un œwerall hen un her. Na den Krieg wier ja allens so'n bäten dörchenanner. Väle spröken hochdütsch, väle spröken plattdütsch, un manchmal is dat Plattdütsch denn ok Missingsch worden. Inne Schaul wier dat schwierig. Tworsens wi harn, wie dat don so heit, »Neulehrer«, und dat wiern feine Kierls un feine Dierns, œwer grote pädagogische Erfahrungen harn de ok nich. Un ik weet noch ein', de keem irgendwie von ganz wiet her ut'n Osten, un de künn œwerhaupt keen Plattdütsch verstahn. För uns wier dat ümmer 'n groten Gaudi. Wenn wi Gören uns up plattdütsch unnerhölen, denn stünn sei dorbi un keek ut de Wäsch' wie so'n Schap ut de Wull' un wüßt' œwerhaupt nicks, wat dortau to seggen wier. Denn hett de sich hensett' – un dat heff ik wirklich ümmer hoch anerkannt – un hett Plattdütsch lihrt, wie wi naher irgendwecke Fremdspraken lihrt hemm'. Oewer för mi – in Erinnerung an Plattdütsch inne Jugend – verbind't sich inne Hauptsak ümmer de Schwierigkeit und dat Unverständnis, worüm ik miene Muddersprak nich inne Schaul räden künnt un worüm ik inne Schaul immer schön hochdeutsch reden mußte. Ik heff twors vörher so'n bäten hochdütsch künnt, œwer dat is manchmal hüt noch'n bäten schwierig, und das richtige schöne Schrifthochdeutsch, das wurde mir erst in der Schule beigebracht. De Tätrow'schen, de meinten, ik wier plietsch nauch un hemm' mi na Rostock up'e Schaul schickt, und dor heff ik up den sogenannten C-Zweich in Rostock den Vorgänger von Plattdütsch lihrt, dat is Lateinisch un Griechisch. Denn bün ik wedder na Tätrow tröchgahn, weil't denn so'n bäten Huddelie inne Familie geef, un heff in Tätrow (Teterow) mien Abitur makt.

In disse Oberschaultiet bün ik eins tämlich krank wäst, dat weit ik noch wie hüt. Ik müßte denn 'n half Johr in'n Krankenhus liggen un keem hinnerher up so'n Kurupenhalt dicht bi Dresden. Dor wier'k mit ein' tosamen, de wier von Rügen. Un wi beid hemm' hen un wedder plattdütsch schnackt. Ik erinner mi noch, as weck vorbikemen von disse Lüd', de dor unnen wahnen un dit komische Dütsch spräken, und säden: »Nee, dat sind keine Plattdeutschen, das müssen welche aus Dänemark sein«. Von de Tiet an löpen wi as de beiden Dänen dor unnen rüm.

Mudding, hest ok gräun Arften?

Ja, Plattdütsch nu naher. Ik bün na Rostock gahn up de Universität, un in miene Utbildung bün ik in Prag wäst, in Budapest, un in Glasgow in England, wo de ja ok plattdütsch räden, bloß 'n bäten eigenordig versett. För mi wier dat mit de Spraken ok ganz leicht, ik heff 'n bäten Schwedisch lihrt, un ik heff denn tämlich zwei Johr in Lund arbeit' un einglich faststellt, dat väles von den Dialekt, den de unnen in Schonen räden, doch 'n por Wöddel tosamen hett mit uns Plattdütsch.

Plattdütsch is œwerhaupt tämlich wiet verbreit't, ik erinner mi an eine ganz lustige Begäbenheit. As Studenten wiern wi in Prag. Prag wier dormals för uns so de ierste grote Auslandserfahrung, und Studenten hemm' ja allerhand Dummheiten in'n Kopp. Wi hemm' uns ümmer argert, dat so väle von uns tschechische Frünn' Dütsch verstünn', un dachten, nee, so is dat nicks. Eis sünd wi an'n Wenzelsplatz in Prag in so'n Studentenrestaurant gahn, wat wi uns damals erlauben künnen, in so'n »Automatenselbstbedienungsrestaurant«. Ik weit noch so wie hüt, ik stünn dor inne Schlang', un dor geef dat disse tschechischen Knödel un disses komische Fleisch dortau. Hinner den Tresen stünn so'ne olle Fru, un de hauchte nu ümmer rup. Un irgendwie hett mi de Düwel räden, un ik säd: »Mudding, hest ok gräun Arften?« Un de kiekt mi an un secht: »Nee, mien Jung', gräun Arften heff ik nich.« Dor heff ik mi tämlich verfihrt, dat möt ik ihrlich seggen. Ja, un denn he'k mi mit ehr unnerhollen. Se wier wirklich 'ne Tschechin, œwer während den Krieg wier se hier na baben hen verslagen worden un har söss Johr bi Demmin up'm Dörp arbeit' un sprök nu einglich kein hochdütsch, man bloß plattdütsch.

Irgendwie verbind't ja dat Plattdütsche. Und för mi, und ik glöf ok vör väle annern, hett dat so'n bäten den Inbegriff von persönliche Vertraulichkeit, von Tauvertrugen, un ik mark dat an'n besten, wenn ik mit miene Patienten tosamen bün, hier in miene tämlich bunte Klinik, wo wi ja nich bloß plattdütsch rädende, sonnern uk annere DDR-Bürger hemm' un vor allem ok väle Utlänner. Wenn ik miene Visiten mak, un dor irgend so ein Mudding odder Vadding licht un uns mit ganz grote verfihrte Ogen ankiekt un denkt, nu kümmt de grote witte Pulk hier an, un wer weit wat nu los is, un man secht denn 'n por Würd in plattdütsch, denn geiht bi ehr ümmer so'n Lüchten œwer de Ogen. Ik glöf, Plattdütsch hett so'n lütt bäten von, ik will nich seggen, Morgen- odder Abendröte, œwer so'n lütt bäten von Sünnenschien, wat dit dull unnerscheid't von dat Hochdütsche. Un dit lütt bäten Sünnenschien makt de Verbinnung, die zwischenmenschlichen Beziehungen, 'n bäten leichter. De Dokter bedrifft ja minnestens dördig Prozent von siene Kunst as Schamanentum, un sihr oft seggen miene Lüd: »Herr Professor, kommen Sie doch mal und reden Sie doch mal mit dem plattdeutsch, vielleicht geht's dann besser«. Un ik möt seggen, dat uns schöne plattdütsche Sprak so ein Verhältnis herstellt, dat man minschlich 'n bäten helpen kann, dat is för mi immer eins von de schönsten Erläfnisse in mienen Beruf, un dat mücht ik nich upgäben. Un ik freu' mi an'n meisten, wenn miene Assistenten üm mi rümstahn un sich ankieken un denken, wat secht de Oll denn nu wedder.

Fachgespräch geiht ok

'n Fachgespräch geiht ok up plattdütsch, denn de Fachwürd sünd ja lateinisch, un dat is ja einglich Kœkenlatiensch, wat de Dokters räden. Für einen echten Altlateiner möt dat ja wirklich 'ne Katastroph sin, dat medizinische Latiensch sik antohüren. Oewer wenn dat medizinische Latiensch noch 'n bäten plattdütsch verschannelt ward, denn is dat ganz lustig, dat ward sogar von alle annern ok verstahn, un wi maken uns oft 'n Spaß dorut. In so'ne Klinik, wo wi so väle internationale Gäste hemm', dor ward denn mal 'ne Visite in englisch makt, denn ward ok ma'n bäten versöcht, dat up russisch oewer de Runn' to bringen, und einige von miene utländischen Assistenten spräken gaut spanisch, un denn föllt Plattdütsch gor nich up. Lustig is dat ümmer, wenn Se dor weck bi hemm', de von dat Plattdütsche nich väl verstahn, de denn ümmer denken, die sprechen wirklich eine ganz fremde Auslandssprache.

Kompromisse machen

För allen Dingen kann man väl bäder up plattdütsch schimpen. Dat sitt twors ok deip, oewer dat is lang' nich so barsch und nich so groff as dat Hochdütsche. Un man kann so schöne schlechte Würd up plattdütsch seggen, un de anner, de denkt ümmer noch, wenn du up plattdütsch sechst, »leck mi an'n Nors«, is dat lang' nich so schlimm als das hochdeutsche Äquivalent. De niegen Wurtschöpfungen in't Plattdütsche, wenn de originell sünd, find' ik ganz nett, oewer man sull se viellicht de iersten Mal so'n bäten in Anführungsstriche setten. Up'e anner Siet glöf ik, dat so 'ne Ort Vergewaltigung von dat Plattdütsche mit so'ne künstlichen Wurtkonstruktionen nich dat allerbeste is. Denn sall man ruhig, wofür't kein plattdütschen Utdruck gifft, weil't wat Nieget is, den hochdütschen insetten. Ik glöf, wi möten Kompromisse maken. Entweder wi möten ein plattdütsches Würderbauk för neue Begriffe inführen, oder wi laten de neuen Begriffe, as se sünd. Ik heff sogar mal 'n politischen Diskussionsbeitrag up plattdütsch hollen, hier in Rostock. Dor hemm's' mi ierst ma' alle ankäken, oewer dann wierens' begeistert.

So'ne Ort »Lautsprache« schrieben

Wie dat so is, die frei gesprochenen Diskussionsbeiträge auf politischer Basis, de möt man vörher ok upschrieben. Un ik heff Schwierigkeiten mit de Orthographie, einglich in jede Sprak, ok in'n Plattdütschen, wo dat keenen Duden un nicks gifft. Ik mak dat manchmal ut Spaß mit dat Schrieben, einfach um mi sülben to testen. Je weniger man schrifft, üm so schwieriger ward dat naher. Wenn ik schrief, denn spräk ik ierst mal lud för mi hen un versäuk, so'ne Ort »Lautsprache« to maken. Ik heff ja mihrere Johr in Amerika arbeit' un bün mal söss Wochen as Gastprofessor in Honolulu wäst up Hawai, un dat wier för mi hochinteressant. De Polynesier hemm' ok bloß 'ne gesprokne Sprak un keine Schriftsprak. De hemm' dat nie verstahn, dat, wat se räden, ok as Lautsprache mal uptoschrieben. Ich hatte Gelegenheit, mit twei sihr scharmante öllere Professorinnen för polynesische Sprachen mi längere Tiet to unnerhollen. Un se hemm' mi secht, dit is de gröttste Jammer wäst in ehr Kulturgeschicht, dat nich ein einziges Mal irgendeiner versöcht hett, to minnestens as so 'ne Lautsprache dat runnertoschrieben. Ut den Grund ward dat Polynesische mit Sicherheit verschwinden in absehbare Tiet. Um dat jetzt mal trüchtoräken up unse Sprak: dat wi eine Ort plattdütsche Schrift hemm' un Literatur hemm', is einglich för uns 'ne Basis, dat de Sprak as solche an'n Läben blifft. Un ik glöf, dat is doch väl Lüd hüt in't Gedächtnis kamen, dat väles in plattdütsch schräben is und dat uns' plattdütsche Literatur ein solches Schatzkästlein is, wat man einfach nich in hochdütsch œwerdrägen kann. Du kannst natürlich all't up plattdütsch in hochdütsch œwersetten, œwer för mi is denn de Sinn, oder »de Spill«, wie de Ureinwohner von Mecklenburg secht, verlorengahn.

Fritzing und Teterow

Ja, wir möten oll' Fritzing deshalb sihr dankbar sin. Ik bün em persönlich ja nich so dankbar, denn miene schöne Heimatstadt hett hei ja ümmer so'n lütt bäten as dat Schilda von Mecklenburg dorstellt: »Dat sall so'n leges Lock man sin ... von de Lüd vertellen s' sick, dat de so wat Absonderliches begahn; sei seggen jo all, de hewwen en Strich«. Un de Täterow'schen, de sünd em gor nich so wollgesinnt, œwer Se seihn ja, ik heff hier mien' Hääkt stahn ut Täterow, un de Wahlspruch gelt hüt ok noch: »Weck Lüd sünd klauk un weck sünd dœsig un weck de sünd wat œwernäsig, lat ehr spijöken, Kinnings lat't, de Klock hett lüd', de Hääkt is fat't!«

Unterschiede im Plattdeutschen

Ik heff mi mal echt, will nich seggen wissenschaftlich, œwer ut Interesse mit de unnerschiedlichen Dialekte in'n Plattdütschen beschäftigt, tosamen mit mien' ollen Chef un Lihrer Professor Kaeding hier ut Rostock. De wier ok so'n absoluten plattdütschen Fan as ik. Alfred Kaeding künn genauso schlecht Hochdütsch as ik un ok väl bäder Plattdütsch, œwer hei sprök dat Rostocker Platt. Wenn wi uns denn gegenseitig anblart hemm', wier dat ganz interessant. Denn hemm' wi allein ma' vergläken twischen dat Tätrowsch, Malchiner, Stavenhagener Platt – einglich dat Platt von Fritz Reuter – un dat Platt von Brinckman. De Unnerschied is ja bi de föftig Kilometer doch schon beträchtlich. Natürlich geiht de Striet ümmer, wecker is dat olle Platt un wecker is dat schönere. Ik mein, dor bruken Se mi gor nich nach fragen! Ik heff hier bi mi ein' in de Klinik, de kümmt von Rügen, un de räd't ierst 'n Platt, dat is noch wedder ganz anners. Dat sall ja mihr as föfteigen unnerschiedliche Dialekte in'n Plattdütschen gäben. Du mößt' Holstein inbetrecken un denn de

127

Hamburger mit ihren »spitzen Stein« un de Bremer un bit in't Weserland. Letztlich ok Holland un Belgien.

Ik führ 'n nächsten Sünnabend na Belgien. Dor is die Königliche Akademie der Wissenschaften, un de willn mi dor to ehr utwärtiges Mitglied maken, un de König, de bammelt einen denn de Kett' üm. Einer von de Professors ut Brüssel wier hier, üm dat all so aftospräken. Denn heff ik fraacht, in wat ik räden sall. Un de hemm' ja nu ehr Problem mit ehre Nationalitäten. Französisch kannst' in Brüssel nich räden, weil de anner sich in Gent argert un so wieder. Ik heff mi hier plattdütsch unnerhollen, un denn secht he, ik weit nu genau, du rädst flämisch, denn dat Plattdütsch, wat du rädst, is Flämisch. Natürlich warn wi dat nich maken, sünnern wi spräken dat hochdütsche Plattdütsch, dat is Englisch. Oewer Plattdütsch geiht ja einglich bet dorhen.

Mit mien Lihrer in USA, Professor Kolff, den Erfinner un den Vadder von de künstliche Nier' un von'n künstlichen Harten, heff ik mi einglich so ganz gaut verstahn künn, un dei is Holländer. Twors hei nich plattdütsch räden künn, künn hei mi verstahn, un ik künn em verstahn.

Besinnen auf die Wurzeln

Plattdütsch to Hus, dat is irgendwie so'n lütt bäten miene Weihdach. Ik heff ein' Jung', de is hier geburn, mien Fru is Rostockerin, oewer se stammt natürlich ut de Freie Hansestadt Rostock. Un de wier ja bet up John Brinckman wat Bäderes. Se versteiht vull Plattdütsch, oewer wenn se anfängt, plattdütsch to räden, krich ik ümmer dat grote Lachen. Un mien Sœhn lihrt nu Plattdütsch. Hei versteiht Plattdütsch ganz wunnerbor, oewer mit dat Spräken is dat ok so 'ne Sak wäst.

Ik bün fast dorvon œwerzeugt, dat wie hüt so 'ne Ort Renaissance hemm' von'n Plattdütschen. Wenn ik in miene Vörläsungen manchmal 'n bäten wat plattdütsch mit de Stu-

denten räd, hemm' de mi früher ümmer ankäken as de Oss
vör'n Schündor. Hüt is dor schon to minnestens, na ik will
ma' seggen, 'ne Bereitschaft, sik dormit to beschäftigen oder
to identifizieren, ok wenn se ut Kötschenbroda kamen.

Nostalgisch is nu œwerhaupt grote Mo', un ik weit nich,
ob dat nu wat besonners Schlechtes is, wenn man sich up dat
Schöne in'n Läben un up de gaude olle Vergangenheit be-
sinnt. Jeder möt dat sülwer weiten, nich jeder kann inne
Hauptstadt läben, ik schon gor nich. Un dat Wurt »provin-
ziell« is für mi einglich ümmer mihr 'ne Aufforderung gewesen, wat Gaudes to maken, as'n Schimpfwurt. Ik glöf, gra'
in uns' Lann' un in uns' Gesellschaftsordnung, wo wi ja nu
na annere Wierte in'n Läben säuken as bloß na Geld un dat,
wat du in'n Laden köpen kannst, ik glöf, gra' för uns gehürt
to de Erbebewältigung, um dat grote Wurt to seggen, einfach
dat Besinnen up de Wöddeln, wo wi herkamen, dat Besinnen
up de Kultur un schließlich up de Lüd, de plattdütsch räd't
hemm'. Dat sünd ja de wäst, de hart arbeit't hemm'. Un de
Lüd, de sik mit Plattdütsch verständigt hemm' hier, de
hemm' ja letztlich dorför arbeit', wat wi hüt hoffen, irgendwann tau vollennen. Ik find', wenn wi uns' Plattdütsch hoch
in Ihren hollen, denn ihren wi de Vorreiter der Revolution
in des Wortes wahrster Bedeutung, de Landarbeiter, de Tagelöhner, de Armen, de, wie man so schön secht, nicks to
verlieren harn as ehr Ketten. Und wenn ik de ehr Sprak nich
rä', kann ik einglich ok nich för mi in Anspruch nähmen,
dat ik versäuk, ehr Erbe im Sinn von unse hütige Tiet in
unsrer Heimat tau verwalten. Insofern is dat för mi gor nicks
Provinzielles, sünnern fast wat Revolutionäres.

Ein plattdeutsches Sprichwort, wat mi so inföllt, dat gelt
för't ganze Läben, damit dat nich so langwielig ward. Ik finn'
immer, wi nähmen all' uns Läben väl to iernst. Un wenn
mien Fru mit mi schellt: »Hest nu nich bald nauch? Möst du
dat un dit nu ok noch maken«, sech ik oft: »Mudder, Afwes-
selung möt sin, säd de Voss, don strök hei sich den Schwanz
gäl-gräun an!«

Hanne-Lore Kuhse-Sobke

Geboren 1925 in Schwaan,
Kammersängerin,
Professor,
wohnt in Berlin.

Wat sin möt, möt sin,
säd de Bur, verköfft sienen Ossen
un köfft sich 'ne Prük.

Bäckersdochter ut Schwaan

Ik bün eignlich mit Hochdütsch un Plattdütsch upwussen.
To Hus – ik bün doch Bäckersdochter ut Schwaan – hemm'
wi bloß plattdütsch schnackt, mit mien Öllern un mien Ge-
schwister. Ok mit miene Fründinnen kenn ik dat gor nich
anners, un dat gifft hüt noch Lüd, mit de ik bloß plattdütsch
schnack. Ik heff ümmer dat Gefäuhl, man versteiht sich bäder, wenn man plattdütsch räd't, so von Minsch to Minsch.
Hochdütsch heff ik liekers lihrt, ganz richtig twors ierst inne
Schaul, œwer mit de hochdütsche Grammatik bün ik ganz
gaut torann' kamen.
Wi harn in Schwaan 'n Geschäft un väl Kundschaft von'n
Lann', un de schnackten sowieso platt. Ik bün ok ümmer väl
mitführt, wenn mien Vadder mit'n Auto Brot up de Dörper
utlieferte. Dat güng inne Kriegstiet mit Pierd un Wagen. Ik
heff uk Brot ut'n Wagen verköfft. Dor hett sich dat so von allein ergäben, dat ik plattdütsch schnackte. Dat geef don jo
noch mihrere Sorten Brot in Mäkelborg. Dat wichtigste wier
dat Schwattbrot, rund un ok in Kastenform. Mihrstendeils
wier dat frieschaben mit 'ne schöne harde Köst. Denn harn
wie noch normales Weizenbrot un säutes Rosinenbrot. Dat
Wittbrot har bloß 'n bäten Weiten in to'n witt utseihn.
Mischbrot nennten wi don Middelbrot. Un ik glöf, wi harn
ok noch Buernbrot, dat wier noch ut'n anner Deig makt. Ik
erinner mi ok noch dütlich an de säuten Semmel, de mien

130

Vadder ümmer makt hett. Fief Penning dat Stück! De gifft dat hüt gor nich mihr. Oewer weeten Se, wo ik de äten heff? Dat glöben Se nich! In Amerika! Ik heff dor sungen, in de Neech von Boston, un dor geef dat so'n dütschen Verein, de ehre Vörfahren stammten ut Mäkelborg. De hemm' mi inlad't un fraacht, wat ik giern äten mücht. Mi wier dat ganz egal, ik heff ehr dat œwerlaten. As ik dor henkeem, geef dat ute anner Saken tatsächlich disse säuten Semmel. Dat is'n Hefedeig, de ward so to Rullen makt un füllt. Un de warden denn in so lütte runde Stücken schnäden, de manchmal ok so utseihn as bi uns de Bläderdeichstücke. 'n typisches mäkelbörger Äten sünd ja ok de Heitwecken. In Schwerin har ik so'n por Verehrerinnen to sitten, dat sünd drei olle Damens, de makten dat ümmer noch, wenn ik Fastelaben dor wier. De Heitwecken warden in heite Melk lecht, un dit ward denn alles tohop mit'n Läpel äten. All disse Erinnerungen hängen för mi ok mit Plattdütsch tosamen.

De Pingstmark – herrlich!

Wenn ik hüt Brinckman läs, denn gah ik wedder dörch Rostock un seih den ollen Pingstmark vör mi. All de Bauden, de unnen an'n Haben stünnen un de välen Stänn' mit Aal un Säutigkeiten, dat güng hoch bet an'n Mark, dei wier vull von Karussels un wieder de Strat lang bet na't Kröpeliner Dur. Herrlich! Sünndachs is unse ganze Familje henführt, œwer ik bün ok inne Woch noch henmaracht, oft ganz allein oder mit miene Fründin. Dat wier för mi as so'n Magnet! Ik wull mi gor nicks köpen, bloß bummeln, ganz genau kieken un dat alles beläwen, wat dor los wier. Mit'n Toch harn wi dat ja ok gor nich wiet. Von Schwaan ut künn man jede half Stunn' na Rostock führen. De beiden groten Strecken Berlin–Rostock un Rostock–Hamburg güngen œwer Schwaan.

Ik bün don ja laderhen ok to mien Studium na Rostock führt. Dat wier toierst in'n Krieg gor nich so ganz einfach, un mi is dat Studium würklich nich schenkt worden. Morgens Klock vier müßt ik upstahn un miene Arbeit inne Bäkkerie maken. Mien Brauder un de Gesellen wiern don in'n Krieg, un dor müßt ik helpen. Teigen vör Sœben heff ik mi denn fix ümtreckt, un denn güng dat in'n Draff na'n Bahnhof. Wenn ik in'n Gesangsunnerricht keem, har ik manchmal keen Pust mihr, drei Stunnen Arbeit inne Bäckerie, Tochfahrt un Fautmarsch leegen achter mi. Ik wünscht, ein von mien Studenten müßt dat hüt mal eins dörchmaken, ik glöf, de würn al dat Singen upgäben. Mien Vadder wull dat ok gor nich, dat ik ut mien' Singen 'n Beruf maken dee, he brukte mien Hülp in siene Bäckerie. »Denn mak ik dat liekers«, heff ik to em secht, un wenn an'n Nahmeddach in Rostock keen Unnerricht wier, denn bün ik fix na Hus führt, witten Kittel antreckt, un denn in'n Laden un verköfft.

Einfach wier dat nich

Kort na'n Krieg sünd wi mit'n ollen Kohlenpott up de Warnow na Rostock fohrt, as de taufroren wier, möt man œwer Güstrow nah Rostock. Einfach wier dat nich. Dor künn ik bi mien Tanten œwer Nacht blieben, un an'n nächsten Morgen güng dat denn mit'n Toch wedder na Rostock to'n Gesangsunnerricht. Orgel künn ik don all spälen un Klavier ok. Dat heff ik mi sülben lihrt, dor wier ik noch ganz lütt. Oma hett dat ümmer vertellt. Ik künn kum frie lopen, don har ik mi 'n Stauhl nahmen un ümmer ran an't Klavier. Denn baben rup un up de Tasten haucht, so dull as dat güng. Un denn füng ik allmählich an un har mi de Tön söcht un 'ne Melodie spält. Unnerricht heff ik ierst krägen, as ik vielleicht nägen Johr wier. Bet dorhen heff ik mi dat alls allein tosamenkla-

müstert. De Klavierlihrerin hett mi denn ok glieks dat Orgel-
spälen bibröcht. As ik naher bäder spälen künn, denn heff ik
oft in Schwaan anne Orgel säten, wenn se up anner Dörper
henmüßt. Ja, un dat ik denn up dat Singen keem, dat wier
ok ehr Verdeinst. Ierst heff ik se un ehr Fründin bi't Singen
begleitet, un denn hett mi dat so gefollen, dat ik sülben versöcht heff. Dat Plattdütsche müßt ik denn mihr un mihr sin
laten bi mien Gesangsstudium. »Dat hürt man süss dörch«,
säd mien Lihrer, de Vokale klingen doch 'n bäten anners.
Bi't Singen wier dat noch nich so to marken, œwer wenn ik
denn Dialog spräken müßt, denn müßt ik mi vörseihn.

Herrlich to'n Utspannen

Liekers heff ik plattdütsch schnackt, wenn ik mit Lüd tosa-
menkeem, de ut Mäkelbörg wiern. In Leipzig hett dat besonners Spaß makt. Mit mien' Korrepititor wier dat so'ne
Ort Geheimsprak, de de annern nich verstahn künnen. In'n
Antiquariat hemm' wi beid ümschichtig versöcht, den annern
de plattdütschen Bäuker uttospannen, de dat grad to
köpen geef. Inne Jugend heff ik œwerhaupt nich läst. Anfungen to läsen bün ik eignlich ierst, as wi von Mäkelborg weggahn sünd. In de Leipziger Tiet hemm wi denn väl plattdütsch läst. Wenn wi up Gastspäl wiern, hett mien Mann mi
na de Vörstellung in'n Hotel, wenn ik noch nich schlapen
künn, ümmer wat vörläst, »Kasper-Ohm un ick«, un alles andere von Brinckman, de ganzen Tarnowschen Saken un 'n
bäten ok von Reuter. Oewer ik mag Brinckman un Tarnow
an'n leifsten. Dat kann ruhig wat Iernsthaftiges sin, warum
nich, œwer mi hemm' de lustigen Saken ümmer mihr gefollen, dat is so herrlich to'n Utspannen, ik mag dat tau giern.
Dat deit mi gaut.

Ja, Plattdütsch is 'ne Sprak

Eignlich kann ik nich genau seggen, wat mi an dat Plattdütsche so geföllt. Ik weit bloß, dat mi de Klang un bestimmte Utdrücke von disse Sprak so berühren. Ja, Plattdütsch is för mi 'ne Sprak, as Dialekt kann man dat nich beteiknen! Bayrisch un Berlinisch dat sünd Dialekte. Mäklenborgisch is ganz wat anners, dat empfind ik ähnlich so as dat Englische. Ik glöf, man kann mit Plattdütsch alles seggen un manchmal väl mihr un bäder as mit Hochdütsch. Oewer dat kümmt ok up an, mit wecken man tosamen is. Dat gifft Lüd, mit de ik eignlich bloß plattdütsch schnack, un dor fählen mi för den dägligen Kram ok keene plattdütschen Würd. Dat mag anners sin, wenn dat üm Philosophie oder Technik geiht.

Komisch is dat mit dat Singen

Ik mein schon, dat de Sprak sihr musikalisch is, œwer komisch is dat mit dat Singen. Ik heff mi nich œwerwinnen künnt, plattdütsch to singen. Ik har to disse Lieder keine Beziehung. As Kind hemm' wi natürlich »Wenn hier 'n Pott mit Bohnen steiht« oder »Dat du mien Leewsten büst« sungen. Oewer as ik naher utbild't wier, don heff ik dat laten. Vielleicht is dat genau so as mit dat Klavierspälen. As ik noch keen Unnerricht har, heff ik – ohne Noten – alles up'n Klavier spält. As ik naher Unnerricht kreech, denn heff ik dormit uphürt. Dat licht an mi un nich an de Sprak. Denn Plattdütsch hett 'n warmen Klang un lött sik gaut singen. Wi hemm' uns an disse weiken Töne so gewöhnt, dat wie Sächsisch nich giern hüren mœgen. Unser Uhr is sihr empfindlich.

134

Mien Mann hett na '45 ganz fix Plattdütsch lihren müßt, anners har he keenen Kontakt krägen mit de Lüd up'n Lann'.
Mi geiht dat hüt noch so: wenn ik 'n Minschen kennenlihr,
un wi schnacken platt, is de ierste Verstännigung väl leichter, bi Hochdütsch blifft dor ümmer 'n Rest Afstand. Plattdütsch is sogar 'n Test för mi. Wenn ik weiten will, wat ein
för 'n Minschen is, denn räd' ik plattdütsch mit em. Un
wenn he denn so'n bäten komisch kiekt un sich doran stött,
dat ik plattdütsch schnacken do, denn weit ik, hei is dat gor
nich wiert, dat ik em näher kennenlihr. De Minsch un sien
Sprak hüren tohop. Wecker Plattdütsch räd't oder Verständnis dorför hett, de is 'n prima Kierl. Ik har sogar in Amerika
weck drapen, de ümmer noch giern platt schnacken.

Dat möt'k Se vertellen. In Hollywood, wo twintigdusent
Mann in de Grote Hall to'n Konzert wiern, kümmt inne
Paus 'n Ehepor rin un secht: »Ach, Frau Kuhse, wir freuen
uns ja so, dat wi Se hier wedderrseihn.« – »Wat«, sech ik,
»wedderseihn?« »Doch, ik bün de Enkelin von ehren ollen
Rektor in Schwaan.« Un as ik in Boston sungen heff, dor
güng dat Telefon. Ik nähm hoch un mell' mi, un de anner
secht: »Hier is Karlsson.« Ik sech: »Wer?« – »Ja«, secht hei,
»Se hemm' richtig hürt«, un denn wier dat mien Sophie ut
Schwerin. De läften ok in Amerika. Un mit de heff ik bloß
plattdütsch räd't, denn wiern wi wedder as to Hus.

Klaus Meyer   Geboren 1937 in Berlin,
Lehrer und Redakteur,
seit 1971 freischaffender
Schriftsteller,
lebt in Rostock.

Hett all sien Kunst,
säd de oll Fru
un pust dat Licht
mit'n Noors ut.

Meine Vatersprache

Plattdeutsch ist meine Muttersprache, obwohl ich eigentlich
sagen müßte, es ist meine Vatersprache. Mein Großvater
stammt aus der Wittenburger Ecke und hatte nur niederdeutsche Vorfahren. Er hat Schmied gelernt, ist aber von zu
Hause ausgerissen und zur See gefahren. Von ihm erzählte
man in der Familie folgende Episode. Als er in San Fran-
cisco einen schwarzen Straßenbahnfahrer nach dem Weg
zum Hafen fragte, sagte der zu ihm: »Sett di man wedder
hen, mien Jung', ik sech di denn Bescheed.« Das Englisch
meines Großvaters muß so plattdeutsch gefärbt gewesen
sein, daß der Schwarze – der, wie sich herausstellte, in Hamburg aufgewachsen war – mühelos seine niederdeutsche
Herkunft ausmachen konnte.
Bi miene Grotöllern hemm' wi bloßen platt schnackt. Dor
bün ik ok toierst mit Plattdütsch tosamenkamen. Mit miene
Öllern he'k hochdütsch räd't. Mien Mudder stammt ut Berlin, de kann twors plattdütsch verstahn, hett dat sülben œwer
nich schnackt, un mien Vadder, de plattdütsch upwussen is,
is de meiste Tiet nich dorwäst. Ik heff em ierst tämlich spät
kennenlihrt. Denn hemm' wi mit'nanner natürlich ok plattdütsch schnackt. Sœmunvierdig sünd wi na Bössow bi Gre-
wesmoehlen (Grevesmühlen) treckt, mien Mudder is dor

136

Schaulmeister worden. Un dor in't Dörp wür' eigentlich bloßen platt schnackt, dat wier twischen de Kinner, ok twischen
de Öllern, de einzige Sprak. Hochdütsch heff ik dor man selten hürt, de por Flüchtlinge fölen nich wieder in't Gewicht.
Inne Schaul heff ik keine Schwierigkeiten hatt, weil ik mit
Hochdütsch un Norwegisch grot worden bün, »mir« un
»mich« heff ik nie verwesselt. Mi is Plattdütsch ok von kein
Siet irgendwie utdräben orrer begriesmult worden, gor nich.
Dor geef dat bi de Buern un naher bi de LPG-Lüd, wenn ik
dor inne Ferien mitarbeit' heff, ok gor nicks anners.

Verstahn ahn een Wurt

As ik von to Hus weg wäst bün, wier ik ja toierst in Berlin.
Wenn ik markt heff, dat dor irgendwo Plattdütsche wiern,
heff ik versöcht, mit ehr plattdütsch to schnacken. Ik bruk
gor nich to weiten, wat dat för'n Minschen is, toierst wür' ik
mi ümmer to den Norddütschen hentrocken fäuhlen. De hüren von mi ut ok all to ein Familie, de ein Sprak spräken,
oder einen Dialekt. Dat Verstahn, oft ahn dat man 'n Wurt
dortau brukt is dor. Man kann œwer väl mihr Saken in plattdütsch räden, ok mit Frömde, as man utspräken deet. Ik
kann dat nich bewiesen, œwer mi geiht dat so.

'ne stahnbläben Sprak

Ob dat nu 'ne Sprak is, dat Plattdütsche, oder 'n Dialekt, in
den Striet will ik mi nich rinmengelieren, de ein' seggen so,
de annern seggen so. För mi is dat 'ne Sprak, œwer ik weit
dat nich, un mi interessiert dat eigentlich ok gor nich.
Wenn't na mi güng' un ik har dat fasttoleggen, wür' ik seggen, dat is 'ne Sprak, weil mi dat mihr to sien dücht, as man
bloß 'n Dialekt. Se is wussen as 'ne Sprak, se hett 'n ganz
Deil eigene Wür' un in väle Saken von'n Mittelalter an 'ne

ganz eigenstännige Entwicklung hatt. Viellicht is dat 'ne stahnbläben Sprak, deelwies jedenfalls. Dialekt is mi bäten to wenig, dat gifft so väle verschiedene Farben in disse Sprak. Ik bün würklich keiner von de militanten Plattdütschen, œwer ik sech dat liekers: för mi is dat 'ne Sprak, bloß strieden kann'k mi doræwer nich.

Aufgeschriebenes Gesprochenes

Es gibt bei mir auch keinen Unterschied zwischen geschriebenem und gesprochenem Platt. Im Hinblick auf die Sprache bin ich wahrscheinlich überhaupt nicht gestalterisch tätig. Was ich schreibe, ist aufgeschriebenes Gesprochenes. Und so arbeite ich auch, ich arbeite mit der Kassette und korrigiere so lange, bis die Geschichte klingt, das ist für mich das Entscheidende.

In den Wochenendbeilagen der Zeitungen, im Rundfunk oder im Fernsehen wird oft ein museales Platt gebraucht. Die Autoren dieser Geschichten sprechen aber in Wirklichkeit ganz anders. Ich habe es getestet. Warum diese Diskrepanz zwischen dem Geschriebenen und dem tatsächlich Gesprochenen? Gut, wenn es Figurensprache ist, wenn es ein historischer Roman wäre oder eine historische Geschichte, dann würde ich mich auch anstrengen, eine zeitlich angemessene Sprache zu finden. Ich kann mir sehr gut vorstellen, daß Kasper-Ohm durchaus so gesprochen hat, wie Brinckman ihn sprechen läßt. Oder Reuter seine Figuren. Es hat, glaube ich, kein Literaturplatt gegeben, und ein »Hoch«- oder »Niedrigplatt« auch nicht. Und wenn ich Gegenwartsgeschichten schreibe und als Autor auch in meiner Autorensprache in der Gegenwart bleibe, dann habe ich gegenüber der Sprache, glaube ich, die verdammte Pflicht und Schuldigkeit, bei dem Plattdeutschen zu bleiben, das heute und hier gesprochen wird.

Wer plattdütsch denkt, de ward ok richtig
plattdütsch schnacken

Ich liebe die Beiwörter »echt« und »unecht« in Bezug auf das Plattdeutsche nicht. Aber man muß sie benutzen, um das Problem zu benennen. Für mich ist »echtes«, »unverfälschtes« Plattdeutsch das, was zur Zeit an einem bestimmten Ort von den Leuten so und nicht anders gesprochen wird. Und wenn da Einsprengsel aus dem Hochdeutschen drin sind oder aus anderen Sprachen oder Fremdwörter, dann tut es dem Plattdeutschen, finde ich, überhaupt keinen Abbruch, im Gegenteil, es beweist seine Stärke. Für »unecht« halte ich Plattdeutsch da, wo es anfängt zu archaisieren und wo Leute, ohne daß sie irgendeine Ahnung vom Plattdeutschen haben, Hochdeutsch mit hineinbringen, wo hochdeutsch gedacht und ins Plattdeutsche übersetzt wird. Wer plattdütsch denkt, de ward ok richtig plattdütsch schnacken. Ich glaube, daß es durchaus annehmbar ist, fremde Wörter, die eine plattdeutsche Lautung annehmen können und die sich in die Sprache einer Figur einfügen, zu benutzen. Ich empfinde sie nicht als Fremdkörper. Auch unterschiedliche regionale Besonderheiten, wie ich sie aus der Klützer und Grevesmühlener Ecke kenne, sind in meinem Platt. Es ist auch später noch manches hinzugekommen. Nichts empfinde ich als fremd, ich gebrauche alles, beim Reden und Schreiben gleichermaßen.

»Kombine« nicht: »Kumbein« schreiben

Ich habe in einem rein plattdeutschen Text sogar das Modewort »Kommunikation« gebraucht, allerdings um darüber zu reflektieren: »Wo tau de annern ›Kommunikation‹ seggen, dat is bi uns so, as wenn wi miteinanner schnacken.« Ich würde natürlich nie zu jemandem hier im Dorf sagen: »Du, dor hemm' wi aber 'ne gaude Kommunikation hatt.« Dei würden mi all mall ankieken. Aber ich mache nicht, was andere Autoren machen: ich schreibe solche Wörter nicht »plattdeutsch«, sondern belasse sie im Text so, wie sie hochdeutsch sind. Ich bilde mir ein, daß Plattdeutsche diese Fremdwörter auch plattdeutsch lesen werden. Es widerstrebt mir irgendwie, sie orthographisch zu verplattdeutschen. Auch »Kombine« würde ich nicht »Kumbein« schreiben, obwohl man es so sprechen muß. Viele neue hochdeutsche Fachwörter sind übernommen worden und haben sich bei uns im Plattdeutschen durchgesetzt. Mir tut zwar »Vörsitter« immer noch weh, aber ich benutze es inzwischen auch. Aber »Öllernverträder« ist für mich ein schönes Beispiel für eine unzulässige Verplattdeutschung. Diesen abstrakten Begriff kann man sehr gut umschreiben. Ich würde sagen: »den sik de Öllern von de Kinner utkäken hemm', dat he dat un dat vör ehr deet.« Den vielzitierten »Hulbessen« für den Staubsauger – eine Wortschöpfung, die man böswillig-fälschlich meinem Vater zugeschrieben hat – finde ich ja durchaus originell und viel witziger als »Kiekschapp«, aber beide sind in der Alltagssprache nicht üblich. Und deshalb haben sie, meine ich, auch in der niederdeutschen Literatur keine Berechtigung. Nichts erlaubt mir als Autor, den Figuren, die ich reden lasse, eine Sprache zu geben, die sie in Wirklichkeit nicht haben.

Alle Themen und Gattungen

Was mögliche literarische Themen für das Niederdeutsche betrifft, so sehe ich keine notwendige Einschränkung. Ich glaube, daß alles, jeder literarische Gegenstand, der im Hochdeutschen Literatur werden kann, auch im Plattdeutschen Literatur sein kann. Natürlich wird es schwierig bei einem Roman, der im wissenschaftlichen Milieu angesiedelt ist. Wahrscheinlich ist es auch schwierig, einen utopischen Roman plattdeutsch zu schreiben. Ich glaube aber, daß auch das möglich ist, nur wird er ganz anders sein. Ich weiß, daß es viele Stimmen gibt, die meinen, bestimmte Themen verbieten sich von vornherein fürs Niederdeutsche. Dieses Urteil ist durch Kurt Batt gestützt worden. Aber es hat sich gezeigt, daß auch ein so kluger Mann wie er irren kann. Die niederdeutsche literarische Szene diesseits und jenseits unserer Staatsgrenze hat seine Auffassung widerlegt, daß sich das Niederdeutsche vornehmlich für den Witz und die Anekdote eignet. Niederdeutsche Literatur hat es schon früher in allen Gattungen gegeben, den niederdeutschen Roman, Gedichte, Balladen und niederdeutsche Schauspiele, auch Trauerspiele, doch leider mehr Lustspiele. Warum sollte es diese Vielfalt heute nicht auch noch geben?

Gegen Publikumserwartung ein »Drama«

Ich sehe keine Notwendigkeit, sich zu beschränken, ich sehe bloß, daß es nicht ausprobiert wird, und das hat sicher viele Ursachen. Das hat auch bei mir Ursachen, aber ich will jetzt versuchen, Bühnenstücke zu schreiben, und ich werde ganz bestimmt keines von diesen üblichen Lustspielen schreiben. Und wenn sich Theater finden, die, gegen die angebliche Publikumserwartung an, auch ein sogenanntes »Drama«, also ein ernstes Stück, inszenieren, dann wird sich zeigen, ob die Leute es annehmen oder nicht. Von der Gattung her habe ich, ebenso wie beim Hörspiel, überhaupt keine Zweifel, daß es sich machen läßt. Bisher ist leider meine Erfahrung mit den meisten Theaterleuten so, daß sie die vorhandenen Bedürfnisse eher bedienen wollen anstatt sie weiterzuentwickeln, weil es ein Risiko ist. Das kann ich bei Laienbühnen durchaus verstehen, aber bei Berufsbühnen nicht und hier auch nicht akzeptieren. Sie sind so abgesichert, daß sie sich durchaus den Versuch leisten könnten, Bedürfnisse ändern zu helfen. Ich habe bei meinen eigenen Sachen gemerkt, daß auch knallharte Gegenwartsgeschichten – entsprechend dargeboten – vom Publikum durchaus angenommen und honoriert werden. Manchmal staunen die Leute über sich selbst, daß sie das Ernste und Nachdenkliche ebenso »geschluckt« haben wie die Geschichten zum Auf-die-Schenkel-klopfen. Ich bin also ganz optimistisch, es kommt bloß darauf an, es zu machen.

Zacken in Landschaft und Sprache

Ich glaube schon, daß Sprache, Sprachmelodie, die Art und Weise, wie Leute sprechen, zusammenhängen mit der Landschaft, in der sie wohnen. Eine sehr hippelige Sprache ist bestimmt in einer Großstadt zu Hause oder aber in einer hügeligen Landschaft, im Gebirge. Zacken in der Landschaft finden sich in der Sprache wieder. Ich erkenne unsere mecklenburgische Landschaft in der Behäbigkeit des Plattdeutschen wieder. De so fix, hektisch un sabbelig schnacken, de kamen all von woanners. Unse Landschaft is sanft gewellt, hett man lütte Hügels, un du kannst ganz wiet kieken œwer dat Land. Un so wie dat früher wäst is anne Küst bi de Fischers un Lotsen, tau'n Bispill, kümmst du gor nich väl tau'n Schnacken, dor wür 'n anschlägschen Kopp brukt, dor hett man sik, glöf ik, mihr mit Ankieken verstännigen müßt, as lang' Räden tau hollen, dor müßt anpackt warn. Dat hett all mit hulpen, dat Plattdütsch nu dissen Charakter hett.

Ein anderer Aspekt ist die Ruhe, die in dieser mecklenburgischen Landschaft liegt. So ein Blick über gelbe Rapsfelder oder das weite Land, das Zäsuren nur durch Weiden, Wege, Wald und Knicks kennt, gibt mir manchmal mehr Ruhe als eine Woche Urlaub. Ich glaube, es hat wirklich in einem ganz großen Maße mit Landschaft zu tun, daß sich Ruhe und Gefordertsein übertragen. Einen hektischen echten Plattdeutschen kann ich mir einfach nicht vorstellen. Ich mag mich irren, aber es scheint mir auch sprachliche Unterschiede zwischen unseren Küsten- und Inselmenschen und den Binnenländern, etwa in Neubrandenburg, zu geben, die ursächlich landschaftlich bedingt sind.

Gaut äten un supen ...

Die feststehenden niederdeutschen Redensarten, Redewendungen und Wortkombinationen sind für mich interessant, wenn ich sie bewußt als künstlerische Gestaltungsmittel einsetze. Es entsteht eine Spannung zwischen den alten überkommenen sprachlichen Formen und den neuen, gegenwärtigen Inhalten, und das spürt der Leser. Dat ierste plattdütsche Sprichwurt, wat ik œwerhaupt hürt heff, heit: »Gaut äten un supen, langsam gahn un pupen.« Mien Vadder hett mi dat secht, un as Kind hett man ja väl œwrig för so wat. Mi hett dat bannig imponiert, un dat wier ok in de Tiet, as't nicks to äten geef. Nadacht heff ik väl mihr œwer dat anner: »Räden kœnen s' väl, man Daun is 'n Wurt.« Dat is gra' so, as dat von mien Vadder, wat nu as Motto steiht in »Zuckerkauken und Kœm«: »Dien Glück, mien Jung, dat lacht di an, heit ganze Arbeit, alle Mann.« Dat is för mi sihr wohr, un dor steckt väl in. Een anner Wurt hett mal 'n Bur to mi secht, as ik so langsam wier: »Wenn du 'n Bur in'n Moors licken wisst, denn möst du fixer sien.« Dat hett mi bannig drapen, denn ik wull em nich in'n Moors licken, in'n Moors peert har'k em giern!

Gerd Micheel
Geboren 1926 in Schwerin,
Schauspieler am Volkstheater
Rostock,
bekannter Interpret
niederdeutscher Literatur,
wohnt in Rostock.

*De ruugsten Fahlen warden
de glattsten Pierd.*

Mit de Kinner hochdütsch

Ik bün in Schwerin geburn, un Schwerin wier don 'ne Beam-
tenstadt, so hett man früher ümmer secht. Miene Öllern kemen von'n Lann' un wiern all beid Buernkinner, mien Vadder ut dei Gägend von Lübz un mien Mudder ut'n Kreis
Gadebusch. Se harn sik in Schwerin kennenlihrt, as mien
Mudder dor as Kœksch arbeit' hett un Vadders bi de Stadtverwaltung. He wier in'n Iersten Weltkrieg wäst un har 'n
Bein verlurn un künn nu nich mihr up'n Lann' arbeiden.
Mien Öllern hemm' bloß plattdütsch räd't, wenn se sik unnerhollen deden, bloß mit de Kinner – wi weern drei
Jungs – würd nich plattdütsch spraken, sonnern ümmer
schön hochdütsch. Un denn löp de Unnerhollung ungefihr
so af, wenn wi dorbi seeten: »Weetst du, Heinrich«, säd
mien Mudder to mienen Vadder, »ik heff äben de Ollsch dor
anne Ecke drapen, un dor he'k to ehr secht, ... nu sei du mal
ruhig, du hältst den Mund ... weetst du, denn heff ik to ehr
secht, ... du sollst still sein.« So güng dat ümmer wieder.

Landplatt, Buernplatt

Ik heff dat Platt von mien Öllern so in't Uhr hatt, dat ik dat
bet den hütigen Dach ok nich vergäten heff. Dat wier richtiges Buernplatt, äben Landplatt. Dat Schweriner Stadtplatt
hürte sik 'n bäten fiener un geplägter an. Dor wür' nich

»boben« secht, sonnern »baben« un »Aben« un »an'n Haben«. Wenn sik mien Mudder mit ehr Schwester un mit mien Vadder unnerhöll, denn räd'ten se dat ganz behagliche, dröge, langtööchsche Platt, wat de up'm Lann' snackten. Wenn se denn œwer to'n Kopmann güngen un Fru Meinke keem oder ut'n Hus de Nawersch, Fru Wendt, denn hürte sik dat plötzlich all's so'n bäten vörnähmer an. Dat wier œwer bloß bi de Frugens so, de harn sik ja ok ehr Läben lang siezt, mien Mudder un ehre beste Fründin.

... denn würd vertellt

De Männer duzten sik. Wenn de tohopkemen, denn würd vertellt: von'n Iersten Weltkrieg, von'n Stellungskrieg, wo sik de dütschen Soldaten un de Franzosen in'n Schützengraben gägenœwer läden un wo Heiner Freck, un wie se all heiten deen, mit'n Spähtrupp lostreckt, un denn – dschupp – kreech he 'n Koppschuß un wier dot. Wi seten denn dor mit grote Ogen un upräten Mul un hemm' tohürt. Väle Geschichten, de kennten wi all, dorvon dat se ümmer de sülben Saken vertellten, œwer dat wier ümmer wedder spannend. Grad so as Reuter un Brinckman harn se de einzelnen Typen ok an ehr Sprak kenntlich makt. De upgeblasene Leutnant snackt natürlich 'n anner Platt as de lütt Soldat un Buernsœhn. Un mien Vadder säd, so as Jochen Nüßler, denn ümmer »jaa, jaa«, un denn wüßten wi, dat har sien Richtigkeit. Bi de Frugens wier dat anners. Mien Mudder un ehr Fründinnen, de »klœterten«, so nennten wi dat, denn de vertellten ümmer Klatsch un Tratsch un wat Nieges, un an'n längsten höllen se sik up bi ehr Weihdaach. »Weeten Se«, klagte denn mien Mudder, »mi treckt dat hier den Hals rünner, denn geiht dat œwer de Schuller dal un in dat Lief rin, nee, is nich uttohollen.« »Ja«, säd de anner, »dat heff ik ok.« Un denn wier mien Mudder dull in Brass: »De Fru hett alls, wat ik ok heff, dat gifft keene Krankheit, de de nich kennt.«

Bunt und drastisch

Mi dücht ümmer, so bunt un drastisch kann man bloß up platt vertellen. Man kann in plattdütsch dat ok väl bäder utdrücken un seggen, wat in hochdütsch gor nich so geiht. Dat is 'ne ganz bestimmte Ort to denken, un denn kümmt dat alls väl direkter, unkomplizierter un ok ihrlicher. Man sall œwerhaupt nich glöben, dat Plattdütsch bloß ümmer lustig sien mütt, dat hett ok sihr schöne und iernste Sieden. Plattdütsch kann alles sien, dat hett Tucholsky all secht: zart und grob, humorvoll und herzlich. Un ok iernst. Bloß irgend so'n abstrakten Gedanken kann man up platt nich so gaut entwickeln. Ik glöf ok, dat Oewersetten geiht hüt nich mihr so licht. De niege Technik, de Produktionsziffern ut'n Fiefjohrplan un de ZK-Räden, de will w' man hochdütsch laten. Wenn dat Ümfeld plattdütsch is, kann man œwer de Arbeitsproduktivität viellicht bäder up platt diskutieren. Oewer de aktuellen politischen Nahrichten in Radio oder Fiernsehn, de möten hochdütsch sien. Wenn man dat up platt vertellen deit, denn kricht dat 'n falschen Inschlag, denn nähmen de Lüd de schlimmen Saken, de in de Welt passieren, nich iernst nauch. Wenn naher ein' sienen Senf dortaugifft, dat kann up plattdütsch inne ganz bestimmte Ort dütlicher makt warn, dat is direkter un ganz unmittelbor. So as de Paster inne Kirch. De hett siene Sprüch ut'e Bibel, de verklort he denn mit siene Würd und Bispill. Un 'n richtigen Landpaster kümmt mit Platt bäder an de Lüd ran.

Wi hemm' ja ok in uns' Jugend plattdütsch un hochdütsch näbennanner räd't. Inne Schaul güng dat ok. De besten Läuschen von Fritz Reuter heff ik nämlich dörch unsen Mathematiklihrer kennenlihrt. De hett he uns vörläst, wenn wi orrig wiern un uppaßt harn. Un wenn he bös wier un seech, dat wi unse Upgaben nich makt harn, denn schimpte he up plattdütsch los, un wi hœchten uns eins. Up mien' Gymnasium, dor weern ok Sœhns von wohlhabende Buern un Gautsbesitters, ok von den Landadel, von Bassewitz, von Bülow, von

Haas, so wat harn wi alles inne Klass, un de spröken ganz unkompliziert ehr Plattdütsch, to Hus dörften se dat nich.

Na de Schaul müßt ik noch in'n Krieg un keem mit'n Heimatschuß torüch in't Lazarett na Schwerin. Gägen den Willen von miene Öllern, von mien Mudder vör allen, he'k mi denn meld't bi de niege Schauspielschaul, de se don upmakt harn. Bi Lucie Höflich heff ik vörspraken, wat von Schiller, den Kosinski ut de »Räuber« un den Ferdinand, un denn heff ik ornlich loslecht. »Na Junge«, säd se denn, »du bist ja begabt, aber was hast du mit deinem Bein, das mußt du erst auskurieren, denn du mußt ja auch 'n Kniefall machen können, wenn du mal den Mortimer spielen willst.« Un denn güng ik ierst up so'n pädagogisches Seminar un heff 'n Johr Neulihrer makt.

Mit beide Hänn' inne Büxentaschen

In disse Tiet wier ik denn schon bi Richard Spethmann an de Fritz-Reuter-Bühn engagiert as jugendlicher Liebhaber. Wi spälten don väl so'n aktuelles Nahkriegsstück von Korl Bunje »Up Düwels Schuwkarr«. Dat hannelte von Schiebereien un Schutereien up'm Lann', de damals so œewerall passierten. Un de Bur har Räubenschnaps brennt, un nu söchten se up sien'n Hoff na de Destille. »Mak de Schappdör up«, kummandeerte de Polizist, un de Bur stünn ganz ruhig midden inne Stuf un säd: »Dat kann ik nich.« – »Du sast de Schappdör upmaken.« – »Kann ik nich.« – »Worüm denn nich?« – »Ja, ik heff jo beid Hänn' inne Büxentaschen.« Disse dröge Antwurt heff ik hüt noch prat, wenn ik wat nich maken will. Ok wenn ik hochdütsch räden dau. Dat sünd korte, sporsame plattdütsche Rädensorten, de man rœwerhalt. Ganz näbenbi rutscht mi so wat rut, meistendeils, wenn ik wat beschrieben do, 'n eigenordigen Minschen taun Bispill, de sien' Todder kricht, oder irgend 'n Taustand, de nich uttohollen is.

147

Nich bloß bi mi kiekt dat Plattdütsche dörch, ok mien Fru, de ut'n Vogtland stammt, räd't to Hus von »Rektor Kurz sien Stadtbullen« ut'n Rahnstädter Reformverein, wenn ein' ümmer wedder dat sülwige Anliggen vörbringt: »Paßt up, nu kümmt he wedder mit de Stadtbullen.« Dat kann man ganz kort fallen laten, so'ne knappe Bemerkung un hett den Nagel up'n Kopp drapen.

Platt up'e Bühn

So is de mäkelbörgische Humor ja ok, drööch un 'n bäten lakonisch. Oft helpt mi dat bi't Theaterspälen, wenn de Rull so'ne korten, knappen Repliken vörschrifft. Dat güng toletzt sihr gaut in dat Stück von Paul Barz »Mögliche Begegnung«. Dor heff ik Johann Sebastian Bach 'n bäten mäkelbörgisch spält, wenn de sich so up siene plietsche Ort gägen den nägenklauken Händel wehren deit. Natürlich nich mit de Sprak. Man möt höllsch uppassen, dat von de plattdütsche Utsprak up'e Bühn nicks to marken is. Dat har'k schon as jungen Mann to Richard Spethmann secht: »Ik will mal den Hamlet spälen, dat geiht nich mit unsen plattdütschen Zungen-r«. Un mi hett dat bannig kettelt, dat se mi vör por Johren unner mihrere Kandidaten utsöcht harn, ik sull den Hamlet synchronisieren in den sowjetischen Film von Kosinzew. Nu wüßt ik genau, dat mi dat Plattdütsche nicks schad' hett.

Dietrich Wilhelm
Prost

Geboren 1928 in Anklam,
Kirchenmusikdirektor,
wohnt in Stralsund.

Keen Hund löppt sœben Johr dull,
secht Murrjahn,
un Murrjahn wier een ollen Hund.

Professoren hießen »Fessings«

Dat möt ik nu glieks seggen, ik bün keen geburnen, also uk
keenen richtigen Plattdütschen. Mien Mudder wier ut Berlin
un mien Vadder ut Stettin, un to Hus würd nich plattdütsch,
dor wür hochdütsch räd't. Oewer mien Vadder künn sihr
gaut Plattdütsch. He har siene ierste Parrstell up Lann' in
Lindow bi Fiddichow in Hinterpommern. Mudder künn allens verstahn, blot nich räden. Ik bün in Gripswold upwussen, un wi wahnten in so'ne Gägend, wo väle einfache Lüd
wahnten, œwerst uk Handwarkers un olle Kapteins un uk
Fessings, as man dormals tau de Professoren secht hett. De
dor wahnten, uk Fessing Pernice, wecker üm de Eck rüm
wahnen dee, räd'ten alle plattdütsch, un de Kinner, de mit
mi inne Schaul wieren, uk. Dat wiern blot Jungs, Mäkens
harn wi don noch nich inne Klass. De Unnerricht wier natürlich up hochdütsch, œwer sowie de Lihrer ut de Klass wier,
wür' platt räd't. Wi wiern in'n Räden 'ne plattdütsche Klass,
un manchmal har ik ok miene Sorgen dormit.

Schwierigkeiten mit Wörtern

Mien Fründ sien Vadder wier Murer, un hei künn bloß Platt.
Ik entsinn mi, dat wi beid mal von de Schaul nah Hus güngen, mien Fründ un ik. He vertellt mi wat, un ümmer wedder keem dat Wurt »œwer liekers«, »œwer liekers«. Ik künn

149

dat nich verstahn, wat hett de blot meent? Hei ward ümmer luder un keek mi bös an un secht: »Oewer liekers ward ik dat daun.« Mi ward richtig grugen, un ik güng ümmer fixer un fixer. Ierst tau Hus har ik keen Angst mihr, as Mudding mi secht har, wat dat bedüden dee. Ik har as Jung' noch öfters mien Schwierigkeiten mit plattdütsche Würd. So heff ik nich wüßt, wat »Aust« heiten deit. Doch dat wull ik unbedingt weiten, denn 'ne olle Fru har mi Beern verspraken, wenn Aust is. Bloß – wann wier dat nu? Un wenn wi inne Ferien na Hinterpommern führten, wiern dor de Hütejungs, de räd'ten bloß hinterpommersch Platt, un dat is ganz anners as dat vörpommersche. Wenn wi säden: »Kumm eis her«, säden de: »Schast ma kame«.

Bräsig, Nüßler, Hawermann – alle haben ihren eigenen Ton

As ik so üm teigen un mien Brauder twölben Johr olt wier, dor füng uns Vadding an, wenn he Tiet har, uns plattdütsch vörtauläsen. Dat wier meistens Sünnabends oder Sünndachs abends. Un wenn he so ut'e »Stromtid« vörläs, denn kreech Bräsig sien Sprak, un Jochen Nüßler un Hawermann harn ehr Sprak, de kennten wi all an ehr eegen Tonfall. Bet hüt heff ik dat noch in't Uhr. Blot mit den Titel von Reuter sien Bauk harn wi nicks anfangen künnt, weil wi dat Wurt »Strom« nich kennten un bloß wüßten, wat »stromern« wier. Un dat güng miene Jungs dördig Johr späder genau so. De har'k nämlich uk Reuter vörläst inne Ferien un af un an wiern noch Frünn' von miene Jungs dorbi. De hemm' denn alltosamen tauhürt. Blot hüt räd kein ein' von disse Jungs mihr platt, to Hus nich un uk nich bi de Arbeit.

Nicht einen Schweden schwedisch anreden

Ik möt ihrlich seggen, ik war von mi ut ok nie einen Minschen up plattdütsch anräden, un ik glöf uk, dat mœgen de Lüd nich. Ik glöf nämlich, datt se 'n fienes Uhr dorför hemm' un marken, dat ik keenen richtigen Plattdütschen bün. Un denn fäuhlen se sich so'n bäten nich för vull nahmen. Oder se denken, he will mi na't Mul räden, un dorbi kann he't gor nich richtig. Anners is dat mit de Kinner. Wenn ik in so'n Dörp rinkam un möt dor an de Orgel irgendwat maken un weet nich, wo de Paster wahnt, denn fraach ik de Schaulkinner: »Secht ees, wo wahnt hier de Paster?« Dat geiht gaut, dor heff ik gor keene Hemmungen, œwer bi de Erwachsenen ward ik dat nich daun. Dor räd ik bloß plattdütsch wieder, wenn mi ein' so anräd't, un denn geiht dat lichter. Dat mak ik œwer uk so in't Utland mit 'ne frömde Sprak. Ik heff noch nie 'n Schweden up schwedisch anräd't. Un de Schweden hemm' ja noch väl Utdrücke ut de Tiet, wo de Lüd hier baben noch middelnedderdütsch spraken hemm'.

Däne schrieb niederdeutsch

Ik glöf uk, dat de Musiker Dietrich Buxtehude, för den wi grad een Gedenkjohr maken, blot ein Sprak hatt hett, nämlich disse Grundsprak von dat hütige Plattdütsch. Man weet ja nich genau, is he in Oldesloe geburn orrer in Helsingborg, wat ja in Schweden licht, un denn hett he noch in Dänemark un nahsten in Lübeck würkt. Dor möt man ja nu fragen, woans is dat mit sien Sprak wäst? Har he nu drei Spraken künnt? Ik glöf, damals harn se sich noch in'n ganzen Ostseeraum, ob dat nu Südschweden, Dänemark orrer Schleswig wier, up 'ne Ort Plattdütsch verständigen künnt. So üm hunnert Johr vör Buxtehude hett de dänische König an Bugenhagen up nedderdütsch schreben, un Bugenhagen wir Rektor von de dänische Hoge Schaul. Is dat nich mœglich, dat se uk nedderdütsch räd't hemm'? Uk de Bibel un Bugenhagens Karkenordnung sünd in nedderdütsch to läsen wäst, dat künn dunnemals woll jeder.

Plattdütsch is wussen mit dat Dänische un Schwedische tohop un is unse olle Lannessprak, is nich 'n Dialekt oder irgendwat, so as dat Berlinische oder dat Thüringische. Wi hemm' lütt Unnerscheide, tom Bispill in't Hiddensee'sche Platt, in dat Gripswolder Platt un so. De Stralsunner secht »Peiter« un »Mööwe« un de Gripswolder »Peter« un »Möf«, un bi einen heit dat »brennt« un bi den annern »brinnt«, œwer dat stürt nich, un man kann dat œwerall bi uns verstahn.

Nuschlig, as wenn eener 'ne Piep in't Mul hett

Hochdütsch un Plattdütsch hett bi't Räden 'ne unnerschiedliche Fixigkeit. Hochdütsch ward mihrstendeels langsam un dütlich spraken. Oewer wenn einer plattdütsch vertellt, un wenn he dorbi noch wiet uthalt, flutscht dat Mulwark man so, un de Utsprak, de verschwimmt dorbi so'n bäten, dat is öfter so nuschlig, as wenn einer räd't un bewägt de Lippen nich, un de Tähnen un de Tung' uk nich, ja grad so, as wenn eener ewig 'ne Piep in't Mul hett. Ik rä' uk giern för mi ganz alleen plattdütsch, so still för mi hen. Un dor har'k ok so'ne Würd, dei ik besonner lieden mag. Taun Bispill »moi«. Dat secht väl mihr as dat hochdütsche »schön«. »Moi«, dat is nich blot »schön«, dat is »schön för mi!« Ik kann nich seggen: »De Kauken is moi«, œwer ik kann seggen: »Dat is moi, dat ik hier sitten dau.« Dat sünd so Würd, de mi gaut daun. Ik würd ja œwerhaupt seggen, dat Plattdütsch 'ne sihr weike Sprak is, Plattdütsch kann nich verletzen, dor kann man wat Grobes seggen, schimpen un schriegen, un ik heff noch nie eis beläft, dat einer denn beleidigt is.

152

Pomerania non cantat

Plattdütsch ik ok 'ne musikalische Sprak, bloß wi singen ja
nich mihr! Oewer dat möt schon in frühere Tieden so wäst
sin, denn dat heit ja bi Thomas Kantzow all: Pomerania non
cantat. Dat gifft uk olle plattdütsche Karkenlieder, œwer de
mihrsten dorvon, de sünd rückœwersett, un de gefollen mi
alle nich, so wenig as de niege plattdütsche Oewersettung
von de Bibel. Plattdütsch in de Kirch hüt is för mi so'ne Ort
»Heimattheater«, wat künstlich inszeniert ward.

Eine Feiertagssprache

Hüt hett dat Plattdütsche keenen rechten Sitz mihr in dat
Alldachsläben. So grotesk dat klingen mag, Plattdütsch ward
mihr un mihr 'ne Fierdachssprak. Un dormit genau dat Gä-
gendeil von früher. Damals hemm' de Lüd to Hus un bi de
Arbeit plattdütsch räd't, un in de Johren na Tweedusent
warn se höchstens sünnabends odder sünndachs orrer Wihnachten bi't Koffeedrinken plattdütsch räden. Dat is denn
wat Besonneres, wat Gemütliches, Nostalgisches.
    Denn de Arbeitswelt, de ward ja ümmer mihr technisiert,
un dortau fählen in dat Plattdütsche de Würd. Plattdütsch is
'ne Sprak ahn Technik, un »Trecker« is dat ihrste un eenzige
Wurt ut disse niege Welt. Dat Plattdütsche kennt ok keene
Modewürd, so as »das fetzt«, »urst«, »Fleppen«, un wat
junge Lüd noch so seggen, Würd, de ik up den Dod nich
lieden kann. Plattdütsch is 'ne hoge, reine, klore Sprak. De
kümmt von't Hart und geiht nah't Hart, und dat is doch woll
dat Best, wat man von 'ne Sprak seggen kann. Un dorüm leif
ik uns Plattdütsch.

Bernhard Quandt Geboren 1903 in Rostock,
Eisendreher, Mitglied des
Zentralkomitees
der SED und des Staatsrates der
DDR,
Volkskammerabgeordneter,
lebt in Schwerin.

Man ümmer jüh,
de Fohr entlang!

Mit Platt überzeugt

Ich habe eine tolle Geschichte erlebt, da hat mich das Plattdeutsche rausgerissen. 1948 – ich war schon Landwirtschaftsminister – war ich vier Wochen im Wahlkampf in
Schleswig-Holstein eingesetzt, zur Hilfe für die Kommuni-
stische Partei. Natürlich habe ich von den Veränderungen
bei uns im Lande berichtet. Hein Fink war mein Begleiter.
Bei herrlichem Sonnenschein fand nachmittags um zwei
Uhr in der Stadt Schleswig eine Versammlung statt. »So,
Hein«, sech ik, »du glöfst doch nich, dat hier de Saal noch
mal vull ward?« – »Na, wolln mal sehen«, secht he. Das war
in einer alten Kaserne, und ich sprach vor Umsiedlern, denen man gesagt hatte: »Wartet nur, ihr kommt alle wieder in
eure Heimat.« Sie saßen sozusagen noch auf gepackten Kof-
fern, und ich schilderte ihnen nun unsere Umgestaltung.
Viel Lärm und Tumult gab's, mit Gläsern haben sie gewor-
fen und im Sprechchor gerufen: »Wieviel Geld bekommt
Wilhelm Pieck, wieviel Geld bekommt Wilhelm Pieck?« Ich
konnte mich kaum durchsetzen. »Schreit nur«, rief ich, »ich
kann noch lauter.« Ich war gewohnt, draußen zu sprechen
und hatte eine kräftige Stimme. Bei den Wahlversammlun-
gen in Mecklenburg, die oft abends waren, in Teterow, Malchin und Stavenhagen, mußte ich manchmal anderthalb
Stunden, auch im Dunkeln und bei Regen reden. Das Ma-

nuskript hatte ich nicht in der Hand, sondern im Kopf. Nach meiner Rede in Schleswig gab es eine Diskussion, und da kommt jemand ans Pult und sagt: »Ich kenne den Minister, hier hab' ich die Bodenreformurkunde, die hat er unterschrieben, sieben Hektar Land soll jeder Bauer bekommen. Aber ich will seine sieben Hektar nicht, ich will meine siebzig wiederhaben, in Ostpreußen. Und ich weiß, daß ich die nur hinter amerikanischen Panzern wiederbekomme.« Da fällt ihm ein anderer ins Wort: »So nicht, Krieg willn wi nich! Wi willn Fräden hemm'!« Dann fährt er aber fort: »Ich kenne Bernhard Quandt. Als sie den zum Minister gemacht haben, konnte er kein Wort Deutsch. Den haben die Russen mitgebracht, der hat hier erst Deutsch gelernt!« Ich war sprachlos, aber die Menge glaubte ihm. Nur eine Minderheit forderte: »Reden lassen, reden lassen, wi willn seihn, wat he secht.« Und dann habe ich geantwortet: »Ich kenne intelligente Russen, die haben es wirklich fertiggebracht, in zwei, drei Jahren perfekt Deutsch zu lernen. Oewer ji spräkt ja ok noch anners«, säd ik, »ji spräkt ja ok noch plattdütsch. Wenn de Russe näben dat Hochdütsche ok noch plattdütsch räd't, denn bräkt he sich de Tung' af, œwer *ik kann* Plattdütsch. Un nu glöft ji doch woll nich, dat de Russen mi mitbröcht hemm'. Mien Öllern sünd ut Teschow bi Neubukow, ik heff Plattdütsch lihrt von Kind up an, ik bün dor inne Schaul gahn. He lücht doch, worüm lücht he?« Und da hatte ich gewonnen, da hat mich das Plattdeutsche gerettet.

Nur antworten, wenn gefragt wird

Platt war wirklich die einzige Sprache meiner Kindheit. Erst in der Schule im Unterricht kam das Hochdeutsche hinzu. Meine Eltern zogen im Dezember 1912 von Wismar nach Gielow auf die Büdnerei meines Großvaters. Gegen den Willen meiner Mutter, die wußte, was auf sie zukommt, weil man sich von zweieinhalb Hektar Land nicht ernähren konnte. Mein Vater mußte deshalb auch noch als Zimmermann arbeiten. Im Januar 1913 ging er mit mir zum Direktor, weil ich ja zur Schule mußte. In allen Dörfern und Kleinstädten Mecklenburgs war damals der Pastor zugleich Direktor der Schule. Er begrüßte meinen Vater sehr freundlich und sagte: »Freut mich, Fritz, ich kann doch das alte vertrauliche »Du« beibehalten, nicht wahr? Ich hab' dich konfirmiert, ich hab' dich getraut.« – »Warum denn nicht«, sagte der Vater, »wenn's besser geht, dat is mi gliek.« Dat wier œwer 'ne eigenordige Vereinbarung. Mien Vadder säd ümmer »Se«, un he hett ümmer von »em« spraken. »Em« un »er« un »du«. Dat vertrauliche »Du« güll bloß för den Direktor, un mien Vadder sä' nicks dorgägen. Dat is mi upfollen. Nu fröch he mi: »Wie heißt du denn?« – »Bernhard.« – »Oh, Bernhard, dat is ein schöner Name. In welche Klasse gehst du?« – »Ich bin versetzt in die zweite Klasse, Herr Direktor.« – »Merk dir eins«, sagte er schroff, »in erster Linie bin ich Präpositus, erst danach Direktor der Schule. Du sagst, du bist versetzt, das müssen wir erst sehen.« – »Aber ich hab' doch mein Zeugnis«, sagte ich. »Das gilt hier nicht, und außerdem antwortest Du nur, wenn Du gefragt wirst.« Und dann ging er mit mir ins Examen: »Wie heißt das zweite Gebot, wie heißt das fünfte Gebot, das siebte?« Dann kam er mit so einem großen Buch an, schweinsledern eingebunden, zugeknöpft mit einer Schnalle, in dem ich Jesaja, Vers 18 aufschlagen sollte. Und Bernhard wußte natürlich nichts. Ich hatte noch nie eine Bibel gesehen. Meine Eltern waren Mitglieder der Sozialdemokratischen Partei, Vater im Zentralverband der Zimmerer, und deshalb brauchte ich in Wismar im ersten Schuljahr nicht am Religionsunterricht teilzunehmen. Die erste Stunde habe ich immer frei gehabt. Das sollte sich nun in Gielow gründlich ändern. Ich wurde zurückversetzt in die erste Klasse und bekam einen eigenen Plan für Religion. Rechnen, Deutsch und Geographie wurden mir erlassen. »Deine Großmutter ist fleißige Kirchgängerin, die wird dir helfen«, sagte der Direktor. Alle vier Wochen erschien er, alle Schüler mußten den Raum in der Pause verlassen, und ich saß allein mit ihm da und wurde examiniert. Mir ist es kalt über den Rücken gelaufen, aber ich habe es gelernt. Und weil ich im Kirchenchor war, mußte ich auch jeden Sonntag in die Kirche. Wer dazu gehörte, bestimmte der Lehrer. Alles, was wir da sangen, war hochdeutsch, ebenso wie die ganze Religion. Sonst gab's im Unterricht oft ein plattdeutsches Wort, bloß in Religion nicht. Die alten Lehrer stammten alle aus Mecklenburg, waren in Lübtheen oder in Neukloster auf dem Lehrerbildungsseminar gewesen, danach blieben sie auf dem Dorf und redeten fast alle plattdeutsch.

Dat stellt de Welt up'n Kopp

Eigentlich wollte ich Gärtner werden, und das ging bloß in Güstrow. Der Gärtner hatte schon zwei Lehrlinge, aber er wollte mich noch dazunehmen, auch wenn ich ein bißchen zu klein und murksig war. Aber alles scheiterte am Geld. Mutti liest den Vertrag und secht: »Dat kann ik nich unnerschrieben.« – »Wieso nicht? Ist doch alles in Ordnung«, secht he. »Dat is nich in Ordnung«, secht Mudders, »dat is vollkommen in Unordnung, dat stellt de Welt up'n Kopp. Ik krich 54 Mark Kriegsunnerstützung för mi un mien Kinner – mien Vadder wier don in'n Krieg –, un föftig Mark soll ik för em Kostgeld betahlen? Dat geiht nich! Kumm, lihrst Dreiher to Hus.« Und dann bin ich dort in einer landwirtschaftlichen Maschinenfabrik gewesen, wo ich alles gemacht und viel gelernt habe. Es war keine monotone Arbeit. Dor wür' ok bloß platt räd't, de Gesell künn gor nicks anners.

Ich habe auch, als ich 1922 nach Hamburg kam, nicht ge-
wagt, mit den Hamburgern hochdeutsch zu reden. Das hat
lange gedauert. Dreiviertel der Hamburger Arbeiter waren
damals ja Mecklenburger. Sie bekamen zu Hause keine Arbeit und wanderten aus nach Hamburg. Und wenn sie zu
Weihnachten nach Hause kamen, dann sprachen besonders
die Mädels so ein merkwürdiges hochdeutsch-plattdeutsches
Gemisch, dat nannten wi »gäl«, sei spräkt gäl. Dor güng so'n
Spruch um: Sei kann Hoch un Platt, kümmt alle Tage mank
die Stadt.

Der soziale Hintergrund

Auf den Dörfern wurde damals fast nur plattdeutsch gesprochen, man kam mit Hochdeutsch allein nicht zurecht. Willi
Schröder und Hans Warncke, zwei bodenständige Mecklenburger, haben sich bei allen Versammlungen mit Landarbei-
tern darauf eingestellt und oft vorher Erkundigungen eingezogen, mit welcher Sprache sie am besten ankommen. Willi
Schröder steigt zum Beispiel in Gielow auf dem Bahnhof
aus und sieht, daß von Rostock die Margarine von Heuer ki-
stenweise ausgeladen und die Butter von der Gielower Mol-
kerei tonnenweise nach Berlin eingeladen wird. Da hat er
gleich in der Versammlung gefragt: »Worüm äten ji Margarine und keine Bodder?« Denn wier dat 'n Ogenblick still,
un denn keem de Antwurt: »Weil wi de nich betahlen kœnen.« Diesen sozialen Hintergrund, der im Plattdeutschen
steckt, sollte man heute mehr herausarbeiten bei der Tradi-
tionspflege. Wenn ich heute in Genossenschaftsversamm-
lungen gehe oder vor Jugendweihlingen spreche, dann hor-
chen sie auf, wenn durch das Plattdeutsche ein Stück
Vergangenheit lebendig wird. Und dazu eignet sich ganz besonders »Kein Hüsung«:

»Man ümmer jüh! De Fohr entlang!
Wardst du mol olt un swack un krank
Un kannst den Haken nich mihr räuken,
Denn möt w' di anner Arbeit säuken,
För slichtern Lohn. Dat is din Dank!
Man ümmer jüh! Feld up, Feld dal!
All Ding hett jo en En'n einmal.
'rin in den Sarg! Den Deckel tau!
In't käuhle Graww, dor findst du Rauh.
Man ümmer jüh! Wat helpt 't Gestähn?
Man ümmer jüh! Un denn för wen?« ...
»För wen? För wen? – Du Hund, för di!
O, still doch, Hart! Man ümmer jüh!«

Der Gutsbesitzer war in den Dörfern Herr über Leben und
Tod. Und den Gegensatz zwischen arm und reich hat Reuter
ja selbst erlebt. Man muß nicht nur von der Gegenwart reden oder beim antifaschistischen Widerstandskampf beginn-
nen. Man sollte der Jugend auch erzählen, wie die Arbeiter
früher auf den Dörfern gelebt haben. In Gielow hatten wir,
ohne daß uns jemand zur Erbepflege anhielt, ein reiches kul-
turelles Leben. Es gab keinen Kulturbund, aber es gab Menschen, die sich zusammenfanden, um zu lesen und zu lernen. Ein Buch aus der Schule auszuleihen kostete für eine
Woche 25 Pfennig. Das war ein halbes Brot! Jeder gab zwei
oder drei Pfennige dazu, und dann lasen wir Reuters »Kein
Hüsing«. Die Niederdeutschen Bühnen sollten es auch
heute immer wieder einmal spielen. Dabei würde ihnen keiner übelnehmen, wenn sie das eine oder andere Wort nicht
richtig plattdeutsch aussprechen.

Heute gibt es kein reines Plattdeutsch mehr, de spräken ok gäl. Seitdem die Hanse im 15./16. Jahrhundert unterging, ist Plattdeutsch keine Sprache mehr, sondern ein Dialekt. Was wir heute davon noch haben, sind Überreste der Hansesprache oder auch deren Fundamente, wie man will, so, wie nach der Eiszeit, als die Gletscher alles mit sich fortrissen, nur noch das Kalkgestein in Rüdersdorf geblieben ist. Wir wollen heute etwas restaurieren, was nicht mehr zu restaurieren ist. Plattdeutsch hat sich als Alltagssprache in den Dörfern am längsten gehalten, aber es ist nicht, wie es so oft heißt, die Sprache der Armen gewesen. Auch die Reichen konnten nicht alle Hochdeutsch.

Dann bring' Er doch eine Pute

Der Graf Walther von Hahn konnte auch nur wenige Brokken Hochdeutsch, mit seinem Kammerdiener, Heiner Graf, hat er nur plattdeutsch gesprochen. Noch heute erzählt man sich in Gielow folgende Legende:

Graf Walther von Hahn ging gewöhnlich um acht Uhr abends zu Bett. Um ein Uhr wachte er er wieder auf und hatte Hunger. Dann mußte ihm Heiner Graf was zu essen bringen. Zwei gebratene Hühner, drei gebratene Tauben, immer abwechselnd, mitunter auch eine Gans. Von der aß er, ähnlich wie Heinrich VIII., nur das Beste und warf den Rest hinter sich. Eines Abends ruft er seinen Diener: »Heiner, de Gaus is doch 'n dummen Vagel, ein tau'n Frühstück is nich nauch, un hett man twei, verdarft man sich den Magen.« – »Ik find' de Gaus is sihr klauk«, secht Heiner Graf, »mit de kann man sogar räden, wenn man sich mit de wat vertellt, de antwurt' ein' direkt. Oewer, Herr Graf, wenn ein nich nauch is, wi wiert denn mit 'ne Put?« – »Hemm' wi denn Puten, Heiner?« – »Sicher, Herr Graf, wi hemm' œwer hunnert Stück.« – »Na, dann bring' Er doch eine.« Nächsten Abend bringt Heiner Graf eine Pute und eine Flasche Rotwein dazu, und der Graf war zufriedengestellt. Von da an gab es beim Grafen von Hahn statt einer Gans eine Pute zur Nacht.

Platt, wenn es nützt

Ich habe als Landwirtschaftsminister, wenn ich vor den Neubauern sprach, oft plattdeutsche Sätze gebraucht. Gerade auch bei heftigen Auseinandersetzungen, denn der Klang des Plattdeutschen ist viel weicher. Man kann im Plattdeutschen manches sagen, was hochdeutsch nicht geht. Wenn de Mecklenburger sich mit sien' Nawer vertürnt hett un so an'n Tun secht, leck mi doch an'n Noors, dann nimmt das keiner übel. De anner secht höchstens: »Denn möst œwer teigen Pund Honnig upschmeeren«. Es gab aber so um die Zeit des 5-Jahr-Planes herum, das muß in den 50er Jahren gewesen sein, eine Zeit, in der man bei uns dem Plattdeutschen gegenüber sehr skeptisch, wenn nicht gar feindlich gewesen ist. Ich wurde damals auch kritisiert, weil ich als Propagandist mit den Bauern auch plattdeutsch sprach und sie damit angeblich beleidigte. Ich habe mich verteidigt und erwidert: »Ich werde dabeibleiben. Alles, was unserer Idee nützt, unserer Weltanschauung, unserer Partei, dem Fortkommen zum Sozialismus werde ich einsetzen, und wenn ich es mit Plattdeutsch erreiche, dann spreche ich plattdeutsch.«

Damals reiste Professor Wolfgang Steinitz durch die mecklenburgischen Dörfer, um sich ein Bild von der Sprachsituation zu machen. Er kam auch zu mir und hat mir recht gegeben. Die große Völkerwanderung nach dem letzten Krieg hatte auch sprachlich vieles durcheinandergebracht. Die Umsiedler aus Ostpreußen, dem sogenannten Warthegau, aus Schlesien und Hinterpommern sprachen hochdeutsch miteinander und untereinander ihren Heimatdialekt. Aber ihre Kinder haben die Umgangssprache ihrer neuen Heimat angenommen, sie sprachen alle mecklenburgisches Platt, so daß man sie von den einheimischen Kindern nicht unterscheiden konnte.

Ein Stück Konservatismus

Erst mit der Einführung der Achtklassenschule und den ersten studierten Neulehrern setzte sich das Hochdeutsche auch auf den Dörfern immer mehr durch. Wenn ich heute bei Jugendweihestunden manchmal einen plattdeutschen Satz einwerfe und frage: »Habt ihr das verstanden?«, dann sagen die Schüler meistens »nein«. Es gibt heute in den Dörfern kaum noch Familien, in denen nur plattdeutsch gesprochen wird. Die Zeit ist vorbei, und wir sollten nicht künstlich etwas aufrechterhalten wollen, was nicht mehr zu retten ist. Es ist gut, daß man Folklore pflegt und damit auch das Plattdeutsche. Aber alles hat zwei Seiten. An jedem Unterrock, den man zeigt, der aber gar nicht in Mecklenburg existiert hat, der erst geschaffen worden ist im Dritten Reich, hängt ein Stück Konservatismus, wenn ich nicht aufpasse. Ich kann mich nicht daran erinnern, daß man zu meiner Kindheit in Gielow Trachten getragen hat. Hett kein Tracht gäben. Dafür hatte man damals gar kein Geld. Die Frauen waren froh, wenn sie sich eine Küchenschürze kaufen konnten.

Platt nicht immer

Wenn ich heute in Versammlungen spreche, über die gegenwärtige politische Situation, über Atomwaffen und Rejkjavik, dann kann ich es doch nicht plattdeutsch machen. Wie will ich »Imperialismus« erklären? Das ist unmöglich. Und außerdem würde mich die überwiegende Mehrheit nicht verstehen. Es nützt mir nichts, wenn ein paar Liebhaber ihren Spaß dran haben.

Mit meinem Fahrer spreche ich natürlich nur plattdeutsch, ganz selten reden wir mal hochdeutsch. Aber reden Sie mal mit dem Ersten Sekretär von Greifswald platt! Das geht nicht.

Als »Teddy« in Rostock war, hat er in der Versammlung natürlich auch hochdeutsch geredet. Aber ich erinnere mich sehr genau an seine Worte, die er der Roten Jungfront zurief, als die Versammlung vorbei war: »Jungs holt fast! Dat ward 'n schweren Kampf, aber wi gewinnen em.« Thälmann hat sehr viel plattdeutsch gesprochen, natürlich Hamburger Platt. De Hamburger secht ja »mi freeren de Hänn«, un de äten ok »Kartüffeln«. Wi hemm' ümmer »Tüften« secht in Ostmecklenburg. Diesen Wortschatz vergißt man nicht. Anders ist es mit dem Klang einer Sprache. Ich bin von 1940 bis '45 im KZ Dachau gewesen, nur zwischen Österreichern, Bayern und Schwaben. Und ich habe tatsächlich ihre Sprachmelodie übernommen. Als ich zurückkam, fragten mich die Umsiedler: »Man hat uns gesagt, Sie seien ein alter Mecklenburger, aber Sie haben doch einen süddeutschen Akzent.« Und als ich mich dann zum erstenmal im Rundfunk habe sprechen hören, wollte ich nicht glauben, daß ich es sei. Das hat sich dann aber schnell wieder verloren.

Ich habe mir bis heute die Erinnerung an Aussprüche und Sprüche meiner Mutter bewahrt, die sie gebrauchte, wenn sie mich aus der Küche jagte: »Pöttenkieker, büst' noch nich rut?« Zum Verdruß meiner Schwiegermutter, die aus München stammt, frage ich manchmal heute noch: »Wat kakst du hüt? Afbraken Neihnadeln mit Soldatenhor?«

Egon Richter

Geboren 1932 in Bansin auf Usedom, Diplomjournalist und Schriftsteller, lebt in Bansin.

Man möt den Buern nich wiß maken, dat de Voß Eier lecht.

Zungenfertigkeit fehlt

Mein Vater stammt aus Sallenthin, einem Dorf nur wenige Kilometer von Bansin entfernt, und meine Mutter war die Tochter eines Fischmeisters von der Anklamer Fähre. Beide Eltern sprachen plattdeutsch, aber nur innerhalb ihrer Elternfamilien, mit den Geschwistern, den Verwandten, Bekannten und den Fischern. Miteinander redeten sie hochdeutsch. Ich weiß nicht, warum das so war, ob sie es bewußt getan haben oder ob es die Situation des Seebades mit sich brachte, denn mit allen Gästen wurde natürlich hochdeutsch gesprochen. Das Plattdeutsche blieb auf die Sippe beschränkt. Ich bin also hochdeutsch aufgewachsen, und das war auch in den Familien meiner Cousins so, obwohl auch deren Eltern plattdeutsch sprachen. Wir haben es als Kinder alle gelernt, können auch damit umgehen, aber keineswegs so intensiv wie die Elterngeneration. Ich kann jedes Wort verstehen, könnte es auch sprechen, aber es würde sich doch irgendwie gequält anhören, die Zungenfertigkeit ist einfach nicht mehr vorhanden. Wir haben es passiv aufgenommen und aktiv nicht intensiv genug betrieben. An den Winterabenden hat uns mein Vater regelmäßig aus Fritz Reuter vorgelesen. Ich habe die großen, in rotes Leder eingebundenen Bände noch, es sind Ausgaben letzter Hand. Ich war noch nicht zehn Jahre alt, da kannte ich von den »Läuschen un Rimels« bis zur »Stromtid« bereits alles von Reuter.

164

Plattdeutsch lesen hat mir deshalb auch nie Schwierigkeiten gemacht. Aber das Schreiben! Ich habe gerade eine Episode aus meinem Roman »Der Tod des alten Mannes« für eine Anthologie ins Niederdeutsche übersetzt und dabei erhebliche Schwierigkeiten gehabt. Nicht des Textes wegen, den konnte ich plattdeutsch erzählen, sondern wegen des Aufschreibens. Es gibt ja keine festgelegte Orthographie, und die Lautbildungen sind doch von Rostock bis Bansin sehr unterschiedlich. Ich habe den Text, den ich übersetzt habe, meiner Frau zum Redigieren gegeben. Sie spricht mit ihrer ganzen Verwandtschaft, die hier auf der Insel und in Rostock wohnt, ausschließlich platt. Wenn das Telefon klingelt, und sie fängt an, platt zu sprechen, weiß ich, daß jemand aus der Verwandtschaft angerufen hat. Sie beherrscht es aktiv sehr viel besser als ich und hat manches in meinem Text korrigiert. Eigentlich hat sie die Übersetzung gemacht, wenn wir uns in einigen Punkten auch nicht einigen konnten.

Literaturplatt und gewachsene Sprache

In Rostock aber hat man dann einen Verlagstext draus gemacht, der unserem Sprachempfinden nicht voll entspricht. Das ist ein Niederdeutsch, von dem der Verlag annimmt, alle Leute, auch südlich von Berlin, könnten's lesen, das ist Literaturplatt, was die Leute so nicht sprechen. Es kommt mir, wie vieles heute, ein bißchen missingsch vor, diese Sprache in einer merkwürdig vereinheitlichten orthographischen Form. Auch was die Ostsee-Zeitung macht, dieses »Von Aant bis Zäg«, kann ich überhaupt nicht aussprechen. Ich weiß oft nicht, was es heißen soll. Das ist eine niederdeutsche Sprachform zum Lernen für Anfänger, das ist keine gewachsene Sprache. Dieses Bestreben, Platt zu einer modernen Literatursprache machen zu wollen, führt zu einem Niederdeutsch, das zwar möglicherweise übers Auge wahrgenommen werden kann, so aber nie gesprochen wird. Es tauchen hier schriftsprachliche Elemente auf, die der mündlichen Sprache fremd sind. Die Situation im Plattdeutschen ist mit der im Hochdeutschen nicht zu vergleichen. Ich kann umgangssprachliche Elemente, auch Slang, ohne Schwierigkeiten in die hochdeutsche Literatursprache übernehmen. Es ist dann nur die Frage, ob das literarisch gut ist. Ich werde aber nie Gefahr laufen, daß es irgend jemand nicht versteht, während ich bei diesem zur Literatursprache entwickelten Plattdeutsch manchmal den Eindruck habe, daß die Sprecher dieses Platt so eigentlich gar nicht aufnehmen können.

Nicht Nichtniederdeutsch bloß weil man »Fernsehen« sagt

Ich halte auch die Bestrebungen, neue niederdeutsche Wörter zu schaffen für Dinge, die zur Entstehungs- und Wachstumszeit der niederdeutschen Sprache noch nicht existiert haben, für ganz verkehrt, so etwas wie »Kieker«, »Kiekkasten« oder »Kiekschapp« für »Fernseher«. Kein Mensch auf dem Dorf sagt »Kiekschapp«, sie sagen alle »Fernseher«. Das verstehe ich unter »aufgemotztem« Platt. Die gesprochene niederdeutsche Sprache wird heute, auch auf dem Lande, wo sie noch intensiver gesprochen wird als in den Städten, mit hochdeutschen Elementen durchsetzt, wenn Gegenstände und Ausdrücke unserer Zeit benannt werden, für die es in der niederdeutschen Sprache keine Wörter gibt. Anfang unseres Jahrhunderts, als die Kraftfahrzeuge Eingang ins Landleben fanden und das Plattdeutsche noch einen größeren Sprach- und Kommunikationsraum hatte, da sind die hochdeutschen Bezeichnungen eingeformt worden, aus der Zugmaschine, dem »Traktor«, wurde der »Trecker«. Das geht; aber aus »Fernsehen« wurde nie »Kieker« oder

166

»Kiekschapp«, was sich die Neuniederdeutschen dafür aus-
gedacht haben. Man sollte das Platt so belassen, wie's gesprochen wird. Und ich glaube auch nicht, daß es dadurch
zersetzt oder aufgelöst wird, wenn moderne Wörter aus dem
gleichen Sprachbereich, die sich durch nichts als die Lautverschiebung unterscheiden, übernommen werden. Das
Hochdeutsche hat sich sehr viele Elemente aus ganz anderen Sprachbereichen einverleibt. Die Amerikanisierung der
Sprache, die die moderne Zeit mit sich gebracht hat, ist
nicht zu vermeiden. Wir haben kein Wort für Computer,
Neues muß integriert werden. Deshalb sprechen wir doch
nach wie vor deutsch. Und ebenso ist Niederdeutsch nicht
Nichtniederdeutsch, bloß weil man »Fernsehen« u. ä. sagt.
Das kann ich nicht einsehen, die Sprache wird dadurch
nicht gefährdet.

Im Niederdeutschen gibt es viele gewachsene sprachliche
Wendungen und sprachliche Bilder, die sich bis heute erhalten haben. Es ist eine Sprache des Landlebens, auch in der
Stadt waren die Sprecher vorwiegend Ackerbürger. Und die
Sprachbilder, die sich dort gebildet und verfestigt haben, gehen zurück auf das intensive Verhältnis des Menschen·zu
seiner natürlichen Umgebung. Sie sind zeitlos, sie haben
einen immerwährenden Bezug und sie sind in den meisten
Fällen so überzeugend, wie neugebildete sprachliche Bilder
unter Umständen gar nicht sein können. Man wird es der
Zeit überlassen müssen, ob neue redensartliche Wendungen
entstehen und neue Bilder geprägt werden. Sprachliche
Strukturen wachsen nicht von heute auf morgen, und man
kann sie nicht künstlich erzeugen. Es ist ein Prozeß, in dem
wir uns befinden.

Nach außen, nicht mehr nach innen

Ich glaube, in vielen ländlichen Bereichen ist Plattdeutsch durchaus noch gängige Umgangssprache, und ich vermute auch, daß es sich nicht verliert. Natürlich bringt unsere Zeit – da die Territorien ja nicht mehr in sich geschlossen sind – die Zuwanderung vieler anderer sprachlicher Elemente mit sich, also sächsischer, thüringischer, brandenburgischer, durch Leute, die hier im norddeutschen Raum nun ständig wohnen. Ihnen bleibt der Zugang zu der ursprünglichen Redeweise verschlossen. Vielleicht nicht auf die Dauer, sie werden lernen, es zu verstehen, aber sie werden es nie benutzen. Unsere Kinder sicher auch nicht. Dazu kommt, daß es die kleinen, in den einzelnen Dörfern angesiedelten Schulen nicht mehr gibt. Wir haben nur noch große Zentralschulen, in denen selbstverständlich niemand vom Lehrkörper mehr plattdeutsch spricht. Die staatliche Erziehung und Bildung erfolgt in allen Bereichen hochdeutsch, und die Kinder hören Platt nur im Lebensbereich ihres Dorfes, wahrscheinlich nicht mal, da bin ich mir ganz sicher, im ständigen Umgang mit ihren Eltern. Die Eltern neigen dazu, mit ihren Kindern hochdeutsch zu sprechen. Die Kinder wachsen heute zunehmend so auf, wie ich auch aufgewachsen bin. Niederdeutsch wird von den Erwachsenen nach außen gebraucht, nicht mehr nach innen, die eigene Familie wird heute selten davon berührt. Und so bleibt es für die Kinder beim passiven Aufnehmen.

Sprache oder Dialekt

Der Raum, in dem niederdeutsch gesprochen wird, ist ja ziemlich groß, er reicht von unserer östlichen Grenze bis nach Amsterdam und schließt die rheinischen Gebiete mit ein. Das ist zwar ein anders gefärbtes, aber doch noch ein Plattdeutsch, so daß einen im Prinzip jeder Flame in Brüssel versteht. Ohne daß ich jetzt bestimmte Vokabeln nennen könnte, kenne ich die regionalen Besonderheiten in unserem Platt. Ich merke, ob jemand aus der Schweriner Gegend oder aus Wismar kommt und daß ein Stralsunder anders spricht als ein Swinemünder oder gar ein Stettiner.

Die Frage, ob Platt eine Sprache sei oder ein Dialekt, hat Kurt Batt schon aufgeworfen. Ich neige mehr zu Sprache, weil es eindeutig linguistische Strukturen sind, die es vom Hochdeutschen unterscheiden. Wegen der fehlenden Lautverschiebung im Niederdeutschen ist es für jemand, der im Plattdeutschen zu Hause ist, ohne Schwierigkeiten möglich, einen Holländer zu verstehen. Das kann einer, der nur im hochdeutschen Bereich aufgewachsen ist, nicht. Und das sind dann für mich keine mundartlichen Fragen mehr, hier unterscheiden sich sprachliche Strukturen. Das Berlinische ist eine Mundart oder ein Dialekt oder ein Slang oder die Verballhornung des Hochdeutschen, aber Niederdeutsch ist eine gewachsene Sprache. Und es hat mehr Freundlichkeit als das Hochdeutsche. Das mag ein emotional geprägtes Urteil sein, aber ich habe immer diesen Eindruck gehabt, und er hat sich bis heute gehalten und verfestigt. Mit Platt kann man vieles sagen, was hochdeutsch nicht ausdrückbar wäre oder was sich nüchterner und sachlicher, in negativer Richtung sogar viel beleidigender oder bösartiger, anhören würde.

Humor, Klamauk und Freundlichkeit

Die Sprache ist einfach freundlicher, und diese ihr innewohnende Freundlichkeit ist es, glaube ich auch, die sie am Leben erhält und die ihr auf unabsehbare Zeit eine Zukunft garantiert. Ich glaube nicht, daß die jetzige staatliche Förderung des Niederdeutschen auf dieser für mich wesentlichen Freundlichkeit beruht, das hat man ihr eher immer angekreidet, daß sie zumindest in ihren literarischen Ausdrucksformen immer heiter ist oder komisch und daß ernsthafte Problemsituationen nicht darstellbar sind. Wir wissen, daß das nicht stimmt. Man muß natürlich auch sagen, daß man sich – besonders in der dramatischen Literatur – in der Vergangenheit vornehmlich auf solche Sujets beschränkt hat. Das lag aber an den Autoren, bei Reuter z. B. finden wir es auch anders. Und jetzt hat Klaus Meyer mit »Zuckerkauken un Kœm« gezeigt, daß im Niederdeutschen auch Problemsituationen in literarischer Form darstellbar sind. Es ist eine Sprache, die nicht nur für das Klamauktheater Verwendung finden kann. So etwas wie »Zuckerkauken un Kœm« lese ich gern, dazu kann ich auch einen inneren Bezug herstellen, weil es Situationen aus unserer Zeit sind, die unseren Lebensinhalt und unsere gesellschaftlichen Gegebenheiten berühren. Es ist nichts Ausgeklammertes oder auf die Vergangenheit Bezogenes, sondern durchaus etwas Gegenwärtiges. Leider sind diejenigen, die wirkliche niederdeutsche Literatur schreiben, bei uns außerordentlich dünn gesät, trotz aller Förderung. Die Abwendung vom Niederdeutschen nach '45 hatte ihre Gründe unter anderem sicher auch darin, daß man glaubte, niederdeutsche Heiterkeit und Ulk hätten zur Verkleisterung von Problemsituationen geführt. Ich glaube nicht, daß die neue Zuwendung dadurch zustandekommt, daß man jetzt die Freundlichkeit der Sprache erkannt hat, sondern daß sie zum einen aus der Erkenntnis kommt, daß heimatliche Elemente in der Bewußtseinsstruktur der Menschen staatsbürgerliche Elemente stimulieren können. Es ist die Besinnung darauf, daß die Verbindung zu einem Land zuerst eine Verbindung zur Heimat sein muß. Neben der Sprache gehören dazu auch Landschaft, Natur und Geschichte. Das Zweite ist die Erkenntnis, daß Plattdeutsch trotz Linksliegenlassen und aller scheinbaren negativen Begleiterscheinungen, die es mit sich bringt, unausrottbar ist.

Provinzialismus?

Für mich ist das Niederdeutsche auch kein Refugium oder
ein Ausdruck von Provinzialismus. Die Strohdachromantik
kommt aus einer anderen Haltung, aus der Ermüdung der
Städter. Die weltweite Urbanisierung ist nicht mehr aufzu-
halten, hat natürlich auch ihre Vorteile. Vor ihren negativen
Erscheinungsfolgen, die sehr viel schlimmer sind, fliehen
die Menschen aufs Land. Aber das hat mit Mundartspre-
chen nichts zu tun. Es gibt viele engagierte Leute in der Politik, die gerne plattdeutsch sprechen, auch bei ihrer Arbeit,
und für die es ganz bestimmt kein Fluchtpunkt ist oder etwas, das ihre Aktivitäten irgendwie einschränkt.

Ein Hauch von Salzwasser

Was mich betrifft, so habe ich nie Ambitionen gehabt, niederdeutsch zu schreiben. Wo es zur Charakterisierung von
Figuren, die aus dieser Gegend hier stammen oder deren
Mentalitätsstruktur so gelagert ist, notwendig war, habe ich
in meinen Büchern auch einzelne plattdeutsche Sätze verwendet, aber doch in sehr beschränktem Maße. Und doch
hat ein Rezensent, zuerst in bezug auf Herbert Nachbar und
später auf mich, geschrieben, durch meine literarischen Er-
zeugnisse wehe immer ein Hauch von Salzwasser und Kü-
stenlandschaft. Selbst dann, wenn sie vom Figurenensemble
oder dem sozialen Bereich her ganz woanders angesiedelt
sind. Ich kann das selber schlecht überprüfen, das sieht man
nur von außen. Aber ich glaube schon, daß diese Landschaft
und die mit ihr urtümlich verbundene Sprache ganz bestimmte Mentalitätsstrukturen hervorgebracht hat, die in
meine Literatur eingeflossen sind. Davon ist möglicherweise die Diktion beeinflußt. Ich glaube auch, daß ich die
Neigung habe, Romane und Erzählungen in einem Territo-
rium anzusiedeln, das meiner Mentalität entgegenkommt.

Insofern bin ich natürlich durch eine aus der Sprache gewachsene Sichtweise auf Dinge und Menschen geformt. Das
geht nicht aus mir raus und ist nicht zu verleugnen. Nehmen
wir Strittmatter: Alles, was er schreibt, ist lausitzisch. Von
Juri Brežan will ich gar nicht reden. Tucholsky wird von der
Mentalität her, obwohl er ja in Stettin seine Schulzeit verbracht hat, immer mit Berlin identifiziert, alles was er
schrieb, ist berlinisch.

Mich hat das Aufwachsen und Zuhausesein in diesem
Sprachraum geprägt, und ich glaube, es hat meiner Literatur
bisher sehr gut getan. Ich habe auch nicht die Absicht, daran
in irgendeiner Weise etwas zu ändern.

Ernst Röhl Geboren 1937 in
Neuruthenbek,
Kr. Parchim,
Journalist und Schriftsteller,
wohnt in Berlin.

Wat helpt all dat Lopen,
wenn't nich up'm rechten Weg is.

Dat Hart nich up'e Tung'

Mien Unkel Paul hett mi dat vertellt. Hei is nu all mächtig
olt, un wie dat so manchmal mit so'n Gedächtnis is: De Geschicht kann wohr sien, kann ok nich wohr sien, kann œwer
ok doch wohr sien. Ik wier so'n Nachzügler in uns Familie,
uns Oma wull dat nich. Un denn wier dat mit eis doch sowiet, nu süll dat denn sien. As de Tiet ran wier, sall mien
Vadder loslopen sien mit de Schlarpen in de Hand na de
Häwammsch: »Wat is los, Willi, du löppst ja ümmer in'n
Draff!« – »Ja«, hett mien Vadder secht, »ik glöf, mien
Ollsch kricht all wedder Jungen.« Ik heff mi de Geschicht
bloß markt wägen de Ort Humor, den de Mäkelborger
hemm', nich, wägen ik dat wäst bün. Eigentlich is dat ja wat
ganz Brutalet, wat he dor secht hett, œwer dat is œwerhaupt
nich bös meint. Se vertellen dat so bäten mit Distanz, weil
se disse ganzen minschlichen Gefühle im Plattdütschen
nich so utdrücken as in'n Schlager. Dat ward lütt bäten
afriegelt, dat dat nich so emphatisch is. Dat Hart licht ehr
nich up'e Tung', dat sitt 'n bäten mihr achtern in'n Rachen.
Un dorvon kümmt dat.

Mien Vadder un mien Mudder, de hemm' bloß plattdütsch snackt, wierer gor nicks, un ik heff ok nicks anners lihrt. Hochdütsch keem ierst inne Schaul. Miene Oma, de läfte ok bi uns, un de hett, glöf ik, noch'n platteres Platt snackt. Se hett ümmer secht »de Zipollen«, un mien Öllern hemm all secht »de Zwiebeln«. För mi is dat ümmer 'ne Metapher bläben för den Assimilationsprozeß: De plattdütschen Wür' starben ut. Wat œwrig blifft, un dat mag ja woll noch dusent Johr anhollen, is de Phonetik. Oewer de Wür' ward man denn woll bloß noch in Rädensorten un fasten Wendungen finnen.

Auch Missingsch, zu Crivitz »Kreideweiß«

Ik bün in Neu-Ruthenbeck geburn. Dat wier don 'n ganz lüttet Dörp mit lütte Hüslers. De harn bloß 'n Hus un müßten na'n Buern odder na'n Hoff gahn un arbeiden. Un dat wier mien Vadder ok. Weck, de harn lütt bäten Pachtacker von de Kirch oder von'e Schaul. Se wiern œwer alle tämlich gliek, keiner har väl mihr, un dorvon hett ok keiner Grund hatt, up den annern bäten daltokieken. De Buern wiern jo wat Bäderes, œwer bi uns in't Dörp geef dat keene Buern. Wenn 'ne Diern von uns inheiraden künnt bi een' Buern, dat wier wat Feines, ok wenn se 'n Lihrer krichte, de har twors ok nich väl, œwer hei wier wenigstens 'n bäten wat Gebildetes. Bet fiefunvierdig un ok noch dornah hemm' se ja doch eigentlich 'n ganz starkes Standesbewußtsein hatt up dat Dörp. Wi hemm' dat jo bald vergäten, dat dat dormals so wäst is. Un de Plattdütschen hett dat ümmer mächtig beschäftigt, wenn weck so bäten wat Feineres wiern, denn hemm' se ümmer hochdütsch versöcht. Dor keem œwer nich väl bi rut. De hemm' denn ok to Crivitz »Kreideweiß« secht. Mien Mudder hett mi öfter so wat vertellt. De Lüd hemm' dat ganz genau registriert, wenn einer, wie man hüt so secht, utflippen wull. Dat wier 'n ganz undemokratischen Zug, un se hemm' dat sofort markt un dacht, de is doch woll œwerkandiedelt. Von een Fru, de ümmer wat Bädres sien un giern hochdütsch snacken wull, hemm' se vertellt, as de Adebor in'n Frühjahr wedderkeem, har se ropen: »De Storch is ja wieder da. Wo isser denn, wo isser denn? Ach, da fleigt er ja über dem Huse.« So wat hemm' de Lüd sich markt. De Dokter oder de Tierarzt un ok de Paster wiern bet fiefunfierdig ja ok weck ute Gägend, un de hemm' mit de Lüd, wenn se na Hus kamen sünd, würklich bloß plattdütsch snackt. Dat wiern Lüd, de müßten nich unbedingt zeigen, dat se wat Klaukes un Gebildetes wiern. Ob de Paster don plattdütsch prädigt hett, weit ik nich, glöf ik œwer nich. De Plattdütschen hemm' œwer mit de Hochdütschen, de dor kamen deden, ümmer hochdütsch snackt. Ik weit nich, ob dat Höflichkeit wier. Se hemm' woll dacht, de annern verstahn dat nich, œwer se müchten viellicht ok zeigen, dat se ok hochdütsch kœnen.

Leiwer gor nicks seggen

Üm de Tiet na fiefunvierdig güng dat los mit de ganzen Umsiedlers un Flüchtlinge, denn kemen weck von Ostpreußen, von Sudeten, von Pommern. Dat is 'ne sihr bewägte Tiet wäst bi uns, de hett dat allens ümschmäten. Also Wihnachten vierunvierdig is dat noch ganz wat anners wäst bi uns up'n Dörp as fiefunvierdig. Dat wieren richtig twei Welten. Süss bleef dat ümmer so'ne beständige Sak, von Entwicklung har man eigentlich gor nicks markt. Ik heff mi ümmer dacht, sicherlich wier dat so ähnlich as in'n Dreißigjährigen Krieg, dor mag sik jo ok väl afspält hemm'. Inne Franzosentiet is bestimmt nich so väl los wäst as fiefunvierdig. Dor kemen bi uns ganz anner Dialekten un Spraken tau. Un de Lüd hemm' mit Lüd, von de se wüßt hemm', dat se platt-

175

dütsch snacken, platt snackt, œwer mit de Frömden ut'n Osten natürlich hoch. Man hett ok mit de Lüd, de man as Kind nich kennt har, ümmer hochdütsch snackt. In Parchen (Parchim) up'e Schaul in dat Internat wier Otto Hinz, de wier ok von mien lütt Dörp, de einzigst, mit den ik plattdütsch snackt heff. Dor wiern natürlich noch weck von anner Dörper, œwer ik weit ganz genau, mit dei güng dat up hoch, weil ik de as Kind nich kennt heff. Dat gifft œwer ok weck, mit de kann ik bloß plattdütsch. Dat wier mit mien Mudder so, un dat is hüt noch so mit mien Schwester un mien Schwager. Ik wür leiwer gor nicks seggen, œwer hochdütsch geiht nich. Da is 'ne absolute Hemmung. Man hett woll ümmer dat Gefäuhl, dat man nich ganz echt is. Ik kann mit de ok dörch't Telefon nich hochdütsch, dor möt ik mi gor keen Mäuh gäben, dat kümmt ganz automatisch. Bloß in'n Breif geiht dat nich. Dat duert väl länger, ihrer man dat plattdütsch upschräben hett.

Plattdütsch to ungenau

Bi uns in de Redaktion hemm' wi ok 'n Plattdütschen, mit denn simulier ik öfter eis Heimat inne Frömd. Wenn wi uns œwer wirklich präzis œwer 'ne Sak unnerhollen willen, denn snacken wi hochdütsch, denn dat Plattdütsche is to ungenau. Ik mein, dat is 'n akademischen Striet, ob dat Plattdütsche hüt 'ne Sprak is oder nich. Dat dat 'ne Sprak wäst is, dat is klor. Hüt is Platt för de Arbeit bloß noch bi de Fischers, up'n Acker un bi de Handwarkers tau bruken, un dor geiht dat prima, dor is dat ok noch 'ne richtige Sprak. Ik heff dat don ja ok as Sprak lihrt. Dor müßte se œwer sprachlich nich väl leisten. Bi uns to Hus in't Dörp har man bloß 'n »Pierd« un har bloß 'n »Wagen« un har »Roggen« un »Weiten«, un de Vokabeln geef dat ja nu all. Un »Trecker« geef dat noch un 'ne »Döschmaschin« odder 'n »Binner«. Aber as dat nachher so richtig losgahn dee mit de Technik, keem

Plattdütsch nich mihr mit. Dorüm is dat ok mit dat »Kiekschapp« un mit den »Hulbessen« nie wat worden. Disse
technische nationalstaatliche Entwicklung kann jo ok so 'ne
Region mit ehr Sprak nich allein bewältigen. Möt jo ok nich
sien, worüm denn.

Trau keinem, der sich die Haare
über die Glatze kämmt

Dat is in dat Berlinische nu ganz genau so. De Berliner hett
den »Telespargel«, wecken se em vörsett hemm', nie annahmen. Oewer to dat olle Sport- un Erholungszentrum, dor
seggen se »Sachsenaquarium« to, dor weit man gliek, dat dat
ut'n Volk kümmt. De Lüd, de wirklich Berliner sünd, de
hemm' för dat falsche Berlinisch genau so'n Uhr as wi för
dat falsche Plattdütsch. Se marken dat ganz genau, ob einer
dat bloß so utstellt un mit »dit is dufte, dit is jut« zeigen
will, dat hei ok 'n Berliner is, obschons hei von Mäkelborg
oder ut Sachsen kümmt. Ik heff 'n tämlich spitzes Uhr dorför, wenn sich einer sprachlich so'n bäten rutpoppt. Dat möt
gor nicks mit Mundort to daun hemm', ok wenn hei süss so
bäten dull de Fremdwür' nimmt, wo he seggen künnt: dat is
gaut, un hei secht: dat is optimal, denn denk ik ümmer: Trau
keinem, der sich die Haare über die Glatze kämmt, de Aas is
nich ganz sauber, de snackt so komisch. Nu is jo dat Berlinische lang' nich so 'ne Sprak wie dat Plattdütsche. Mihr so'n
Mankkaktäten, bäten as Gulasch. Oewer de Berliner is
mächtig mißtrauisch, wenn siene Mundort brukt ward för
Agitation un Propaganda. Un so lütt bäten ward Plattdütsch
hüt ok irgendwo vörspannt. Bi jeden Kram is ümmer de
Fraach: Wo is dat Mat för 'ne Sak.

177

Na twintig Jahren hemm' wi nu anfungen, de Heimat wedder 'n bäten ruttoketteln. Ich sehe das in einem größeren Zusammenhang. Jedes Volk will etwas über seine Geschichte wissen. Wenn es auch vielleicht nicht weiß, wo es hingeht, aber woher es kommt, möchte es gerne wissen. So wie jeder lebt durch die, die vor ihm waren. Von ihnen will er hören und erzählen. Und nicht nur Gesiebtes und Gefiltertes, so wie bi de Tüffelrummel, wo väl dörchfällt. Die regionale Geschichte ist für die Leute mehr als eine Story, sie hat einen starken Gefühlswert, und der ist ungeheuer wichtig für ihren Zusammenhalt, ihre Solidarität. Daher auch dieses mitunter recht lächerliche Aufeinanderzugehen in der Fremde. Ik glöf, de Mäkelbörger wiern, harn se uns verjagt, de schlimmste Landsmannschaft worden. Wenn de so anfangen to schnuppern, denn hüren se dat gliek rut, wenn dat ein' von ehr Landslüd is. Denn gahn se up em tau un faten em an'n Schlips: »Wo büst du her? Von Lulu? Von Pütt?« Dat willn se weiten. Heimat is mihr as bloß dat Geographische, viellicht ist de richtige Heimat sogor de Sprak, Humboldt hett dat woll eis so secht, un ik glöf dat ok.

Dat gifft 'n Engländer, de heit Eric Knight. De hett 'n Bauk schräben to dit Thema, »The flying Yorkshire man«. Einer is von Yorkshire na Amerika hengahn, un dor denkt he bloß ümmer an siene Gägend to Hus un wat de dor maken daun. Hei hett sich väl utklamüsert un schöne humoristische Saken schräben. So ganz genau weit man nich, wo dat bloß sentimental is un wo de Kitsch anfängt. Un Yorkshire, dat künn ok bi uns sien. De Humor kümmt mi bannig verwandt vör.

Dat gifft mäkelbörg'sche Geschichten, de haken sik ok so'n bäten fast. Dor wier in Rostock 'n Pförtner von'e Ostsee-Zeitung, von'e Wasser-Prawda. De hett eis nich flaggt to'n Iersten Mai, un dat hett einer seihn. Nu gifft dat jo weck, de dat wiederseggen, un up de Parteiversammlung hemm' se to em secht, »Otto, du hest de Fahn nich rutehängt an'n Iersten Mai.« – »Oh«, secht Otto, »dat heff ik ganz vergäten.« Un as se em denn kritisiert hemm', secht hei: »Tja, dat will ik juch verspräken, Genossen, ik flagg nu bi jedes, ob dat Wihnachten, Ostern oder Pingsten is.«

Wat bruken wi 'ne Waschmaschin

Mien Vadder wier ok so'n richtigen Buern. Wenn't na em güng, he har sik nicks köfft. Hei wull dat bäten Geld tosamenhollen. Woför, wüßt he sülben nich, œwer süll ümmer bäten wat up'n Konto sien. Konto, dat wier dat Wichtigst! Un mien Mudder müßt nu uppassen, dat se sik doch wat anschaffen deden. »Wie bruken 'n Radio«, secht mien Mudder, dormit füng dat an. »Wat bruken wie 'n Radio, wie hemm' doch gistern wedder keen Licht hatt, dat geiht sowieso nich, wie hemm' doch de Zeitung.« Mien Mudder hett so lang räd't, bet de Oll dat Geld rutgäben hett. Un denn güng dat mit dat Fernsehn. Denn secht mien Mudder: »Wie möten Fernsehn hemm.« Secht mien Vadder: »Wat bruken wie Fernsehen, wie hemm' so'n schönes Radio!«. Un denn keem dat mit de Waschmaschin. Secht mien Mudder: »Wie bruken 'ne Waschmaschin.« Secht mien Vadder: »Wat bruken wie 'ne Waschmaschin, wie hemm' noch gor nich eis 'ne Waschmaschin hatt, wie hemm' hier den Tubben, dat is de beste Waschmaschin, dor kann ok gor nicks kaputt gahn.« Denn naher mit'n Kühlschrank. De Bodder leech ümmer so up'n Flur up'e Fliesen, dor wier dat schön kolt, un de Hund hett dor ok eis mankschäten. »Wat bruken wie 'n Käuhlschapp!« Oewer uns Mudder hett dat denn doch schafft.

So, nu har'n wie'n Radio, so'n lüttes, dat wier dür wäst, un har em ja so väl Geld kost! Un nu seet ik an dat Radio un hürte nu so'n Schlagzeugsolo mit brr, brr, brr, bum, bum, bum, un dun keem mien Vadder rin un secht: »Sühst', nu hest' em kaputt spält.« Un ik weit dat bet hüt nich, ob dat Spaß wäst is oder nich. Ik seih mien' Vadder ok noch sünndachs an'n Vörmeddach inne Stuf sitten. Denn wier he farig mit Gräunshalen un har Tiet bet dat to Meddach güng. De Rok von siene Zigar küselte sik inne Sünn, un hei seet an dat Radio un hürte Charly Gerstner siene »Sonntägliche Wirtschaftsbetrachtung«. Un dat wier denn ja ok ümmer sachlich, kritisch un optimistisch. Mien lütt Vadder hürte sik dat genau an, dorbi hett hei dei Zigar in eine Hand, un mit de anner kloppte he sik up den Schenkel. Un denn röp he ümmer: »Dei kann œwer leigen, dei kann œwer leigen!« Hei wier ganz begeistert von mienen Journalistenkollegen.

Übertragbare Genickstarre

Wat ik so makt heff, dor hett he sich nich väl üm kümmert. As de Lihrer secht hett, ik sall up'e Schaul na Parchen (Parchim), dor har he nicks gägen. Hei hett woll dacht, wenn hei dor hengeiht, denn ward hei dat woll so maken un dat all so torechtkriegen. Hei hett sik sowieso nich väl ünner vörstellen künnt, un ik wüßt toierst ok gor nich, wat ik warden süll. Ik wüßt bloß, dat man, wenn man so lang up'e Schaul geiht, Dokter oder Tierarzt warden künn. Un dat wull ik denn ok. Inne nägent Klass dor wier ik Rettungsschwimmer un so wat all un heff mi so'n Dokterbauk köfft. Ik wull mi all gliek 'n bäten präparieren. Un disse »Einführung in die Krankenpflege« wier verhängnisvoll, möt ik seggen, denn mit Dokter wier dat naher nicks mihr. Dat wier so'n Bauk för Schwestern, dat se 'n bäten wat weiten süllen von de Krankheiten, dat güng bloß üm de Infektionskrankheiten. Un ik heff dat ümmer läst un läst un ok von de Inkubationszeiten un so wat. Bi Diphterie duert dat vierteihn Daach, man hett dat all, œwer markt dat noch nich. Un denn gifft dat noch de übertragbare Genickstarre, dat weit ik hüt noch, dat wier de Meningitis cerebrospinalis epidemica. Dat hett mi bannig beindruckt. Un ik dacht, wat, Genickstarr, de hest du doch ok. Ik har dat all, wat ik läst har, dat wier bloß noch nich ganz rutkamen. Ik har Geschlechtskrankheiten, allens heff ik hatt. Fürchterlich! Dissen Effekt heff ik denn wedderfunnen bi Jerome »Drei Mann in einem Boot«. Ein' von den is ok so'n Hypochonder, hei kennt alle Krankheiten, har se hatt, kricht se noch, bet up ein, dat wier dat Kindbettfieber. Ik heff dacht, nee, wenn Medizin so wat is, denn löttst' de Fingern davon.

De Konflikt is hochdütsch

Mi wür dat Plattdütsche nich so väl bedüden, wenn dat dor nich den Humor gäben wür. Ik glöf, dat is woll eigentlich bi alle Mundorten so, dat seih ik nich bloß för dat Plattdütsche. Dat is mierstendeils humoristische Literatur. Wat dor so passiert, is mihr lütt bäten spaßig un interessant un nich so dull mit de Tragik. De passiert doch mihr in dat Hochdütsche. Dat heit nich, dat de Dialekt nich doch manchmal versöcht ward in de grote Weltliteratur, mientwägen »Woyzeck« oder so wat. Oewer dat is denn doch bloß üm natowiesen, wie de Lüd so snacken daun. De Konflikt is hochdütsch. Oewer de ganzen Unkel-Bräsig-Geschichten in de »Stromtid«, ok de »Franzosentid«, »Kasper-Ohm«, de gahn bloß up platt. Un wenn de Humor fählt, denn blifft dor nicks von oewer. Ahn den Humor har man dat ganze Platt villicht all lang' vergäten.

Gerhard Schacht

Geboren 1933 in Wismar,
Maler,
wohnt in Klütz.

Rudern is bäder
as wegdrieben.

Mi is Mäkelborg dull up'n Lief snäden

Maler wull ik nich warden, un dat wür'k denn doch. Un nu
is dit hier mien Läben, un nu kricht mi hier ok so leicht keiner weg. Wat ik to maken heff, mak ik giern, un dor kümmt
man mit to End, dat Läben vergeht nu so. Ik wür' bestimmt
nirgends anners mihr farig warden, mi is Mäkelborg dull
up'n Lief snäden, œwer 'n lütt bäten rümkieken mütt ik woll
doch noch. Ob ik denn as Mäkelbörger dor wat mit anfangen
kann, dat weit ik nich. Oewer viellicht süht man dat, wat hier
is, wenn man trüchkümmt, noch bäten intensiver. Erlebnisse
kann man sik œwerall halen, dor licht dat nich an, bloß se
sünd hier, wenn man dat nu mit 'ne Reis na Japan orrer
Ekuador mäten dee, de mien Frünn' grad makt hemm', doch
recht bescheiden. Ik heff för mien Läben so'ne groten Pläne
nich hatt un heff ok von mien Öllernhus keine groten Pläne
präsentiert krägen. Dordörch is dat viellicht all so bläben, as
dat hier nu is. Wenn man von to Hus bäten anners program-
miert wür', kümmt man ihrer dortau lostomarschieren.

Dat lihrt sik ganz von sülben

Miene Grotöllern hebbt in Gramkow bi Hogenkirchen (Ho-
henkirchen über Wismar) läft, un dor bün ik ok upwussen.
Sœmundörtig sünd wi hier na Klütz hertrocken. To Hus un
bi miene beiden Grotöllern geef dat wieder gor nicks as

Platt. Ik kann mi nich an erinnern, dat dor œwerhaupt ein hochdütsches Wurt follen is. Nu is man ja nich bloß mit de Öllern un mit de Grotöllern tosamen wäst, bi'n Kopmann un ok mit de Kinner hett man schon eins hochdütsch räd't. Ik weit nich, wie'k de beiden Spraken lihrt heff, dat lihrt sik woll automatisch. Ik weet noch wecke, de von'n Dörp bi uns inne ierste Klass to Schaul kemen, de hebbt denn ok einfach platt mit'n Lihrer snackt, un dat güng ja nich, dor wür' schon Hochdütsch verlangt. De Ollen vertellen hüt noch, dat de Lihrer ok noch mit ehr in'n Ünnerricht platt snackt har, œwer dat sünd all dördig, vierdig Johr vör mien Tiet wäst.

Teiknen links, schrieben rechts

Ik heff mit mien Lihrer bös' Theater hatt. Hei wull nich taugäben, dat ik links schrieben dau. Wenn wi up'e Tafel schrieben müßten, denn rutschte mi ümmer wedder de Griffel von de rechte Hand na de linke. Ik kreech dat gor nich so mit, wenn man sik as Kind anstrengt, denn vergett man ja, wat üm einen rüm is. Oewer hei stünn all hinner mi mit so'n lütten Stock, un denn rauscht de up miene linke Hand dal. Denn wier dat natürlich ierst mal vörbi. Hei har dat tatsächlich in'n por Wochen so wiet dräben, dat ik rechts schrieben dee, œwer ik heff schlechte Erinnerungen an em. Un 'n Konfliktfall is dat hüt ümmer noch mit miene beiden Hänn'! Teiknen dau ik links, un wenn ik dor wat ünnerschrieben dau ünner de Teiknung, denn nähm ik de rechte Hand, un dat is ja an sich Mallerie. Oewer gäben deet dat so wat hüt noch inne Schaul, dat man de Kinner dat Linksschrieben utdrieben deet.

Wenn wi ut'e Schaul kemen, würn ierst Schaularbeiden makt, un denn wür Mudders fraacht, ob wat to daun wier. Pflichten harn wi don ja ok, un wenn se keinen Wunsch mihr har, denn güng dat ströpen. Wi kennten jeden Diek un jede Wisch un jedet Holt un läften uns ut in de Landschaft, wieder har man nicks. Un räd't hemm' wi bloßen platt.

De mihrsten un schönsten Erinnerungen an Platt heff ik dörch mienen Vadder. Vadders wier ok Maler, un mit de Kundschaft güng dat ümmer platt. Dat wier nich bloß, dat de Saken bespraken un afmakt würn, dat wichtigste wier, dat hei bi siene Arbeit anfüng to vertellen. Hei har ja ok allerhand beläft, wier in'n Krieg wäst, un disse ganzen Erlebnisse sünd för em sihr inschniedend wäst, un de schlimmsten, dor ward ja am meisten œwer vertellt. Dat is hüt noch so bi de Ollen, de hemm' oft so'ne philosophische Ader, un de kœnen so ut'e Distanz wunnerbor verglieken, weck hebbt ja all por Kaisers hinner sik. Oewer dat, wat den Minschen eigentlich bewägen deet, will hei sik ja uttuschen. Früher stünn vör jede Husdör 'ne Bänk, un dor hebbt se abends, wenn dat Veih erledigt wier, säten, mit hülten Schlarben, de Frugens 'ne Kittelschört üm un de Kierls mit de Manchesterbüxen, un hebbt vertellt. Hüt sitten se vör den Kasten. Früher hett de Minsch för sien Phantasie väl mihr frien Lop hatt. Wenn kein Radio un Fernsehen dor is, un de Minsch will sik unnerhollen, denn mütt em ja irgendwat inscheiten, denn mütt hei sik wat utdenken, wat hei so inne Natur beläben deit. Ik will woll glöben, dat ein' so mancher Gedanke kümmt, de nich ganz von'e Ierd is, wenn man nachts in Düüstern un bi Storm längs de ollen nakten Krüppelwieden na Hus marschiert.

Musik hürte dortau

In'n Sommer hebbt de Ollen sogor up ehr Schlarben vör de Dör in'n Sand danzt, wenn ein von de Treckfidelspälers vorbikeem. Dat Musik makt ward, wier früher up'n Dörp ganz normal. Mien Großvadder un siene ganzen Jungs hemm' all' 'n Musikinstrument spält. Mien Vadder hett Trompet spält un Geig', mien Unkel in Hogenkirchen hett Tuba blast,

mien Unkel in Christinenfeld, de hett Waldhurn, ein Unkel in Wismar hett Klenett spält. De Kösters un Lihrers inne Dörpschaul harn ja ok irgendein Instrument, wat se künnen, un meistens hemm' se denn noch Orgel spält inne Kirch.

Dat is stimmig: de Sprak un dit Land

Wenn mi einer von de Ollen hüt so wat vertellt, denn seih ik dat alles vör mi. Un dat sünd denn nich bloß de Begebenheiten, de man hürt, sondern ok dat, wat noch so näbenbi in disse plattdütsche Sprak mitklingen deet. Un dat holl ik viellicht för dat Allerwichtigste. Plattdütsch hett sien Wördeln in dit Land, un dorvon kümmt dat, dat dat afsolut mit de Landschaft un de Kultur, un wat dor noch henhüren deet, to daun hett. Dor is, wenn einer noch so richtig Platt kann, dit Behäbige un Tonige in, wat eigentlich Mäkelborg is. Dat Land is platt, dor sünd woll 'n por Hägen, un hübsch is dat ok all, œwer dat is nich so'n rasantes Erlebnis, as wenn man inne Gebirge rinführen deet. Ik nähm an, dat dat irgendwie doch afstimmig is, de Sprak un dit Land. Dordörch, dat de Naturerlebnisse vör Jahren vörrangig wäst sünd, is ok de Kontakt twischen Natur un Minsch anners wäst. Un disse Wechselbeziehungen wiern nich bloß prägend för den Charakter von ein' Minschen.

Direkter up'n Lann'

De Sprak is dat, in wat de Minsch sik an'n dütlichsten speigelt. Dorvon kümmt dat äben so richtig bi de Ollen rut, wat man nu ganz billig as »typisch mecklenburgisch« beteiken deet. Bi de markt man, dat se dor noch väl döller instäken as wi hüt, dat sitt väl faster. Wenn de Bur 'n Dach œwer in'n Plauch güng, denn wür hei praktisch mit dat Pierd to 'ne Einheit makt, hei mütt den ganzen Dach densülben Tempo hollen. Dat prägt den ganzen Minschen un ward sik ok in sien Sprak irgendwie fastsetten. Manchmal hürst du dat ja ok. Dor sünd in Plattdütsch so'ne Laute in, wo man denkt, is grad so, as wenn de Kauh wat fallen laten hett. Dat is all mit in. Disse unmittelbore Beziehung is up'n Lann' œwer väle Johrhunnerte för de Minschen, de dor läft hemm', dor wäst. Dorüm wier dat Platt up'n Lann' ümmer bäder un direkter to erläben as inne Stadt. Dorhen keem dat ierst œwer 'n Barch, und denn wür' sik bäten fiener utdrückt.

Dat dezimiert sik

Plattdütsch is 'ne Sprak, wo de Tiet rutwussen is – oder de Tiet is ut de Sprak rutwussen, je nachdem wi man dat nu will. Mit Plattdütsch kümmt mi dat hüt ungefihr so vör wi mit den suren Rägen. Wenn man na de Tschechei führt, süht man de välen drögen Böm. Dat dezimiert sik in de Natur, un so is dat mit unse plattdütsche Sprak eigentlich ok. Ik kann mi sogar vörstellen, dat de mal to End geiht, dat kann woll kamen. De Sprak is ja bloß œwer de Benutzung to retten. Wenn se nich mihr brukt ward, denn verrust' se, un denn is dat vörbi. Nu hebbt wi dat Hochdütsche as aktuelle Sprak. Dor speigelt sik nu uns Tiet in, de väl lebenniger, komplizierter un aggressiver is. In Platt kann man ja eigentlich alles seggen, dor kann man ja kum einen bös sien. Wenn mi einer afmessen deet up platt, denn arger ik mi nich. Oewer 'n hochdütsches Wurt nähm ik iernster, dat sett man sik doch bäten anners torecht.

Nich mit Amtspersonen

Ik heff nicks gägen de Hochdütschen, aber wenn ik ihrlich sien sall, för mi is Plattdütsch de beste Sprak, de't gifft, dor geht nicks œwer. Ik versäuk ok as ierstes ümmer platt.

Wenn denn einer secht, hei kann dat nich verstahn, denn snack ik hoch. De ierste Satz wier denn ümsüss, aber dat schad' nicks. Ik will Sei wat vertellen. Neulich bün ik mit'n Auto nach Parchen (Parchim) wäst. De Stadt mag ik giern un de Landschaft ründüm, un denn bummel ik ok dörch de Stadt. Up ein Parkplatz wier nich ruptokamen, ik har mien Auto näbenbi henstellen müßt. As wi nu trüchkemen, führ ik nich den offiziellen Weg runner, den wier'k ja ok nich rupkamen, ik bög einfach rechts af, un dat wier nu Einbohnstrat. Mien Fru füng mit mi an to schimpen: »Da steht doch ein Polizist!« Ik denk, wat sast du nu noch utrieten, führ man up em dal. Ik bün noch mal rechts üm den Parkplatz rüm, un de Pulizist keem all iewrig up mi tau. Ik kün gor nich so fix ut dat Auto rutkamen, don wier hei all vör mi tau Gangen, un ik snack em inne Uprägung mit Platt an. Makt man mit Amtspersonen ja eigentlich nich. Un hei snackt ok platt. Ik heff mi uträd't ohne Lœgen, un wi hebbt uns gliek gaut verdragen. »Ja«, secht hei denn to mi, »wat glöben Sei woll, wenn nu noch einer von vör kamen wier un har up sien Recht pocht, ji wiern tosamenführt.« – »Ja«, sech ik, »denn wier de Bort af wäst.« – »Ja«, secht hei, »nu is de Bort ok af, un ditmal kost' de Rasur fief Mark.« Ik heff em fief Mark gäben, un hei hett mi gaude Heimfohrt wünscht. Hett man manchmal.

Ne Stille, de deiper geiht

Ik heff ümmer versöcht, in mi dat Geruhsame bäten to erhollen. Man mütt sik säuken. Jeder is dorup ut, dat hei dat, wat hei in sik hett, ok verarbeiden will, dat hei dat nich in sik behollen deet. Ik versök dat nu mit miene Biller uttodrücken. Ob mi dat ümmer glückt, dat is gor nich dat Problem, un ob man Minschen malt orrer 'n Stilleben orrer 'n Blaumenbild orrer 'ne Landschaft is an sik gor keen Unnerscheed. De Minsch, de sik dorin utsnacken deet in dat Bild is ümmer desülbige. Ik mücht, dat dor wat entsteht, wat so bäten still is. So 'ne Stille, de ok bäten deiper gahn deet – de is inne hütige Tiet bannig knapp worden.

Karl-Heinz Schulmeister

Geboren 1925 in Bützow,
Diplom-Historiker,
Dr.phil., Professor,
Mitglied des Präsidiums der
Volkskammer,
1.Vizepräsident des
Kulturbundes der DDR,
wohnt in Berlin.

All's to weiten is bäder,
as all's to hebben.

Großvater erzählte platt

Ich bin in Bützow geboren und stamme aus einer Familie, die über viele Generationen hinweg in Mecklenburg ansässig ist, väterlicherseits und mütterlicherseits. Mein Vater ist in Perniek bei Neukloster geboren. Dorthin war mein Großvater als Tagelöhner in die Schuhmacherlehre gegangen und hatte sich danach als Meister niedergelassen. Er arbeitete ganz allein ohne Gesellen. Bei diesen Großeltern in Neukloster wurde nur platt gesprochen, in der Familie und mit den Kunden, die alle vom Lande kamen. Ich war sehr gerne bei ihnen und kann mich gut daran erinnern. Schon bevor ich zur Schule ging, bin ich mit dem Fahrrad oft dorthin gefahren, es waren nur 20 Kilometer von Bützow nach Neukloster. Und dort habe ich auch plattdeutsch sprechen gelernt, denn mein Großvater hatte große Schwierigkeiten mit dem Hochdeutschen. Er brauchte immer einen besonderen Anstoß, um überhaupt hochdeutsch zu sprechen. Gelesen hat er kaum, aber immer viel erzählt, alte Geschichten aus dem Dorf, Sagen und Märchen, die uns beruhigen oder bange machen sollten.

Vater 'n ganz Strengen

Mütterlicherseits kamen meine Vorfahren aus Zernin und Altstrelitz. Mein Großvater war Dragoner in Ludwigslust gewesen und wurde dann Postsekretär in Bützow. Dorthin kam 1920 mein Vater als Lehrer und ist es bis in die 50er Jahre geblieben. Neulich sprach mich an der Tankstelle in Penzlin jemand an, den ich gar nicht kannte, und meinte: »Mensch, du büst doch'n Schoolmeister, ik heff dien' Vadder inne Schaul hatt, dat wier'n ganz Strengen.« Da war ich echt schockiert, denn ich bin aus meiner Heimatstadt eigentlich schon mit siebzehn Jahren weggekommen und jetzt sehr selten oben in Mecklenburg. Streng war mein Vater auch mit unserer Erziehung, vor allem, wenn es um die Sprache ging. Wie alle Lehrer in Mecklenburg legte er großen Wert darauf, daß in seiner Familie hochdeutsch gesprochen wurde. Er achtete besonders bei Tisch darauf, versäumte es aber auch nicht, bei jeder Gelegenheit zu wiederholen: »Wenn du studieren willst, mußt du dich von Anfang an daran gewöhnen, daß du ein gepflegtes Deutsch sprichst.« Und so wurde sein Gebot nur durchbrochen, wenn die Großeltern zu Besuch kamen, dann wurde plötzlich nur platt geredet. Auch als nach dem Tod meiner Großmutter der Schuhmacher-Großvater mit in unserem Haushalt lebte, sprach mein Vater mit ihm platt; von uns, den Kindern, aber verlangte er, daß wir hochdeutsch sprachen.

Lehrer spielten Theater

Ich habe als Kind auch nie in der niederdeutschen Spielgruppe, in der sich meine Eltern betätigten, mitgemacht. Das war ein fester Kreis von Volksschullehrern, die auf mecklenburgischen Lehrerseminaren ausgebildet waren. Sie inszenierten jedes Jahr ein plattdeutsches Stück, aber natürlich auch hochdeutsche Märchen, wie »Schneewittchen«

oder »Dornröschen« für die Schule. Damit zogen sie über die Dörfer, und mein Vater sang zwischen den Aufführungen oder den einzelnen Akten plattdeutsche Lieder zur Laute. Meine Mutter hat auch Theater mitgespielt. Jeden Donnerstagabend machten diese Lehrer, zu denen dann und wann auch ein sozialdemokratischer Gymnasiallehrer stieß, Hausmusik. Wenn ich artig gewesen war, durfte ich aufbleiben und zuhören. Es war ein unverständliches Phänomen für mich, daß diese Lehrer, die uns vom Plattsprechen abhielten, miteinander nur platt redeten. Mir schien oft, als täten sie es, damit wir nicht alles verstehen sollten. Sicher aber geschah es deshalb, weil man sich auf platt sehr viel vertrauter und unkomplizierter unterhalten kann und bestimmte Geschichten nur auf platt möglich und interessant sind. Der Höhepunkt dieser Lehrervereine in Mecklenburg, von denen es viele gab, war Ende der zwanziger, Anfang der dreißiger Jahre. Danach hörte es auf. Mein Vater war sehr zurückhaltend, er wollte durchs Leben gehen, ohne sich politisch zu binden, und so floh er in die Musik. Die plattdeutschen Lehrer kamen schließlich auch nur noch zusammen, um zu musizieren. Theater wurde nicht mehr gespielt. Um so bewegter erinnerte man sich später an die Zeit, in der man aktiv gewesen war, Vater lebte auf, wenn er von der Niederdeutschen Bühne erzählte.

Lieber auf platt

Für mich ist Platt ein Stück Heimat und ein Stück Kindheit. Es gehörte zu den Menschen, mit denen ich groß geworden bin. Ich könnte mit meinen Brüdern in dieser Landschaft nicht hochdeutsch sprechen, es fehlte die Herzlichkeit. Platt hat für mich auch etwas mit Güte zu tun, für einander dasein, sich gegenseitig achten. Deshalb suche ich in Wustrow, wo wir so eine kleine Hütte haben, ganz bewußt den Kontakt zu den Einheimischen. Ich glaube auch nicht, daß sie es als

Anbiederung auffassen, wenn ich sie manchmal plattdeutsch zu einem Kœm einlade. Ich habe eher das Gefühl, sie akzeptieren mich wieder als alten Mecklenburger, der zwar jetzt aus Berlin kommt, aber doch hier zu Hause ist. Es ist ja schwierig, sich auf dem Dorf sprachlich natürlich zu geben, wenn man Platt nicht mehr so gut spricht. Aber ich wollte durch Hochdeutschsprechen nie das Urteil provozieren: »kiek, nu is hei wat Bäderes un will nicks mihr von uns weiten.« Und so spreche ich Bekannte und Freunde, die ich von früher kenne, heute noch lieber auf platt an. Mit meinem Schweriner Bruder könnte ich, wenn ich mit ihm durch Neukloster ginge, schwerlich hochdeutsch sprechen, auch wenn ich nicht mithalten kann mit seinem Platt. Bei meinem anderen Bruder, der Mathematikprofessor ist und jetzt in der Pfalz wohnt, ist das schon einfacher. Wir sprechen miteinander platt, wenn's keiner hört, nicht sehr gut, aber wir haben Freude dran. Das ist eben das Besondere: man kann Plattdeutsch lieben, sich darin wohl- und heimisch fühlen, alleine durchs Hören, man muß es nicht selbst perfekt beherrschen. Zu gern würde ich den bekannten Spruch so abwandeln: »Wo plattdütsch snackt ward, da lat di ruhig nieder.« Ich komme auch sehr schnell wieder hinein ins Plattdeutsche, wenn ich zwei, drei Tage in plattdeutscher Umgebung, etwa bei meinem Schwager, bin. Dann bremst mich nur meine Frau, die es besser kann als ich, die heute noch einen Witz lieber plattdeutsch erzählt und meistens abwinkt: »Lat dat man sien, du bräkst di de Tung' af, un de annern lachen di ut.« Ich habe auch in der Sowjetunion plattdeutsche Lieder gesungen und bei »Dat du mien Leewsten büst« sogar bis zur dritten Strophe durchgehalten, muß aber gestehen, daß ich mir den Text vorher aufgeschrieben hatte.

Toleriert – nicht gefördert

In meiner Familie haben wir nicht plattdeutsch gesprochen. Es war nach '45 einfach die Zeit nicht danach. Ich kam aus dem Krieg zurück, hatte keinen Beruf, vom ersten Lehrerseminar in Schwerin mußte ich zurücktreten, wurde Referent der Informationsabteilung in der Landesregierung, bis Kleinschmidt dafür sorgte, daß ich Kulturbundsekretär wurde. Es war nicht einfach für mich, neben Bredel, Ehm Welk und Adam Scharrer, die in der ehrenamtlichen Leitung waren, zu bestehen und oft genug zu erfahren, daß die sowjetischen Offiziere besser Bescheid wußten über unsere Kultur als ich. Viel Platt wurde, wenn ich mich recht erinnere, in Schwerin damals nicht gesprochen. Es waren Umsiedler aus Hinterpommern und Ostpreußen, Sudetendeutsche dort, so daß man Mundartliches bewußt mied. Es gab die »Plattdütsch Späldäl« unter Spethmann, da sind wir hingegangen, und im Kulturbund hat Heinrich Leopoldi plattdeutsche Abende gemacht. Ich habe mich auch dafür eingesetzt, daß plattdeutsche Gruppen entstehen sollten, obwohl ich wußte, daß es Kräfte gab, die es nicht für richtig hielten. Unser oberster Chef, Willi Bredel, hatte seine Freude dran, wenn er mit Kleinschmidt Hamburger Platt schnacken konnte. Eine Zeitlang hat er sicher nichts Besonderes getan zur Förderung des Plattdeutschen, aber er hat es, ebenso wie Welk und Kleinschmidt, toleriert. Eine dogmatische Leitung hat es im Schweriner Kulturbund nie gegeben.

Keine Nostalgie

Wenn wir heute Platt pflegen, ist das nicht eine Frage der Nostalgie. Wir pflegen überall alte Traditionen, auch die Erzgebirgs- und die Thüringer Waldvereine. Nicht wegen der Vereine und als Ausdruck einer Flucht in die Innerlichkeit, sondern weil die Menschen geschichtsbewußt sind und es annehmen und wir dadurch eine Kultivierung und Humanisierung der Bevölkerung bewirken. Ich freue mich über alles, was der Kulturbund heute fürs Plattdeutsche macht.

Die nächsten hundert Jahre entscheiden

Plattdeutsch hat sich gehalten trotz früherer Mißachtung, und es wird sich weiter halten. Ich glaube fast, es zeichnet sich eine bessere Zukunft ab. Der Trend nach dem Norden ist doch nicht zu übersehen, und vielleicht wird Platt von den Zugezogenen noch häufiger gelernt. Ob als Sprache oder Dialekt, das hängt von der Betrachtung ab. Im Alltag der arbeitenden Menschen, die noch damit umgehen, ist es eine Sprache, aus der Sicht der Urlauber sicherlich ein Dialekt. Ich halte mich da mit meinem Urteil zurück und sage mit Gorbatschow: »Die nächsten hundert Jahre entscheiden.« Vor fünfzehn Jahren war ich noch sehr skeptisch, heute sehe ich, daß sich das *Land* erstaunlich entwickelt hat, und das sehe ich nicht nur im Sozialismus in der DDR, sondern auch in anderen Ländern. In China z. B. herrscht der Wohlstand auf dem Dorf, nicht in der Stadt.

Auch die Kinder meiner Verwandten kämen heute nicht auf die Idee, in die Stadt zu streben. Insofern wird die Seßhaftigkeit größer und dadurch sicherlich auch die Rolle des Plattdeutschen. Ich beobachte auch bei meinem Sohn plötzlich eine ganz andere Aufgeschlossenheit gegenüber seiner Heimatstadt Schwerin. Er beschäftigt sich mit Heimatliteratur, vermittelt sie seinen Kindern, und wenn ich einen Tip abgeben soll, würde ich sagen, wenn er fünfzig ist, liest er seinen Enkelkindern auf platt etwas vor.

Ich würde mich gerne mehr um mecklenburgische Traditionen kümmern. Es geht mir aber eigentlich ständig so, wie es Becher in einem sehr schönen Gedicht geschrieben hat: »'s war nicht die Zeit, dich, Liebste, so zu lieben, wie wir uns träumten, so soll Liebe sein ...«

Drei Briefe

Hermann Kant Geboren 1929 in Hamburg, Diplom-Philologe, Dr. h. c., Schriftsteller und Präsident des Schriftstellerverbandes der DDR, wohnt in Berlin.

Laß die Heiden toben,
sie haben keinen Gott.

Liebe Frau Herrmann-Winter,

um unser telefonisch begonnenes Gespräch fortzusetzen: Da ich Ihnen gegenüber ja nicht beteuern muß, daß mir Niederdeutsch als eigene Sprache gilt, kann ich sagen, ich sei faktisch zweisprachig aufgewachsen. Um mich her hat es vor allem plattdeutsch geklungen, und ich bin mir der Besonderheit noch bewußt, die ich empfand, wenn ein *Alltags*mensch hochdeutsch sprach oder gar mit sächsischem, bayerischem, schwäbischem oder auch schon hannoveranischem Anklang. Wer so sprach, hieß bei uns »Quiddsche« oder »Quiddje« (ich habe das Wort nie, außer bei mir selbst, geschrieben gesehen, und im Wahrig, Deutsches Wörterbuch fand ich: »quiddern = kichern, undeutlich reden«), und es steckte in dieser Bezeichnung für Leute von südlich der Elbe eine Menge Herablassung und Geringschätzung.

Überhaupt, mir ist, als habe man Leute mit jener Bildung, die sich durch Gebrauch von Hochdeutsch bemerkbar machte, nicht für voll genommen. Daß es mit Fremdsprachenkennern noch schärfer zuging, belegt der folgende Spruch aus meinen Jugendjahren: Fragt der Mann den Herrn: »Do you speak English?« Sagt der Herr: »Yes, I do!«, und sagt der Mann: »Na, denn help mi mool den Sack op den Puckel!«

Ich meine allerdings, die Bezeichnung »Quiddje« wurde nur auf Leute in der eigenen sozialen Reichweite angewandt, nicht auf Personen höheren Standes, Amtsinhaber, Lehrer, den Arzt etc.

Früh gemerkt, als unangehm bemerkt habe ich die verunglückten Versuche von Quiddjes, platt zu sprechen. Es steckte wohl ein Element des Anbiederns darin. – Spätestens hier möchte ich betonen, daß ich nicht in jedem Falle sagen kann, wo meine damaligen Empfindungen und meine Überlegungen ineinander übergehen. Allerdings bezieht sich diese Unsicherheit eher auf den Kommentar als auf die eigentliche Wahrnehmung.

Den Anzeichen von Sprachwachheit stand etwas gegenüber, das mich jetzt sehr verwundert: Mein Vater war ein Mecklenburger, ein Gärtnergeselle aus Parchim, meine Mutter eine Hamburgerin mit dem Hintergrund Norderney. Sie *müssen* verschiedene Arten von Platt gesprochen haben. Meine übrigen Verwandten waren ähnlich verschiedener Herkunft und *müssen* ebenfalls verschieden gesprochen haben – aber nie ist mir dergleichen aufgefallen. Wahrscheinlich sind verwandtschaftliche Nähe und soziale Unterschiede wichtige Faktoren des sprachlichen Umgangs. Ich vermute das nur, denn im Grunde äußere ich mich hier – vom Brief ins Indianerland einmal abgesehen – zum ersten Mal über solche Dinge.

Noch einen Augenblick bei dem Brief zu bleiben; ich habe ihn jetzt nicht zur Hand und weiß nicht, ob ich darin eine Episode erwähnte, an der sehr deutlich wird, daß Platt durch meine ganze Jugend die gültige Verkehrsprache in meiner Familie gewesen ist: Ich muß schon siebzehn Jahre alt gewesen sein, als meine Mutter mich mit der Mitteilung aus Bett, Schlaf und Traum trommelte, der Luftschutzwart habe eben Alarm gegeben, weil Kriegsgefangene aus einem nahegelegenen Lager ausgebrochen seien. Meine Mutter: »Hei seggt, dor sünd Russen utkneepen.« Meine Antwurt aus den Tiefen des Schlafes: »Und dei sall ick nu wedder griepen?«

Allein an diesen Dialog und seine Wiedergabe ließen sich

eine Menge Überlegungen knüpfen, mir jedenfalls scheinen sie ein Schlaglicht zu werfen, aber ich will bei Ihren Fragen bleiben und nur noch sagen: Meine Mutter hat diesen Wortwechsel mit ihrem Sohn oft erzählt, und es war auch immer ihr Behagen darin eingemischt, daß es sich um eine Geschichte handelte, die ihren eigentlichen Reiz im Plattdeutschen hatte. Ich wiederum bemerke bei deren Niederschrift wieder das Unzulängliche hochdeutscher Buchstaben gegenüber plattdeutschen Worten, denn natürlich hat schon »Hei seggt« nicht so gelautet, wie ein hochdeutscher Kopf es lesen würde, sondern eher wie »Hej secht«.

So wenig ich die Sprechunterschiede bei meinen Verwandten wahrgenommen habe, so sehr kamen sie doch in bestimmten Abteilungen des Familienlebens, bei Streit oder Geselligkeit etwa, ins Gespräch der Erwachsenen. Wenn meine Mutter sich über die ewigen Nörgeleien ihrer Parchimer Schwiegereltern erboste, tat sie das mit starker Überbetonung der mecklenburgischen Besonderheiten; die berühmte Trennung von »ei« zu »e-i« war natürlich dabei, »Land Eien, wo die Kartoffel gedei-en« usw., und besonders hatte es ihr das starke »ä« angetan, das bei der Großmutter dort auftauchte, wo wir zum doppelten »e« neigten: »krääägen, kreegen«, »Säägen, Seegen« usw.

Aber eben auch zur Belustigung mußten die Mecklenburger herhalten, z. B. wurde bei Geburtstagsfeiern oder dergleichen immer wieder erzählt und belacht, wie der aus Goldberg stammende Ziehvater meiner Mutter eine Hamburger Mamsell beim Tanz mit der Frage verstört hatte: »Frollein, könn' Sie auch trüchnoors tanzen?« – Wahrscheinlich wird aber auch die bizarre Mischung aus bemühtem Hochdeutsch und einer abenteuerlichen Kuhstall-Vokabel ihre Wirkung getan haben. Wie überhaupt der Unterschied zwischen Hochdeutsch und Plattdeutsch immer wieder Soziales (im weitesten Sinne) signalisierte, an Soziales gebunden war, sozialen Unterschieden entsprach.

Schule, Ämter, höhere Stände waren hochdeutsche Bereiche, und es wies sich als unbedarft aus, wer dort ins Platt verfiel. Nicht daß man ihn nicht verstanden oder ihm nicht auch platt geantwortet hätte, aber es war eine Antwort von Oben nach Unten.

Deshalb ging es auch selten gut, wenn unsereins von Herrschaften (der Ausdruck hat in meiner Jungend noch ganz und gar ungebrochen Geltung gehabt) plattdeutsch angesprochen wurde; es wurde zumindest als unangemessen empfunden. Sehr genau erinnere ich mich der Augenblicke, in denen mein Meister, der aus Trier stammte und trotz langer Jahre in Mecklenburg eben wie ein Mann sprach, der lange in Mecklenburg lebte und aus Trier kam, mit den Bauern, bei denen wir Elektroarbeiten ausführen sollten, mit seinem gequälten Plattdeutsch kam. Er war ein sympathischer Mann, und die Bauern mochte ich aus vielen Gründen nicht, aber wenn der Meister mit unseren Vokabeln und Lauten parlierte, war ich beschämt auf deren Seite.

Vielleicht beantwortet sich von hier auch die Frage, warum mir der plattdeutsche Tag, zu dem sich meine Schule eine zeitlang pro Woche verpflichtet fühlte, nicht so sehr einleuchtete. Es machte Spaß, aber ich war befremdet, wenn die Lehrer, beliebt oder nicht, in jene Sprache verfielen, die für die Pause und die Zeit nach Schulschluß gedacht war.

Ähnlich die Reaktion auf eine Zeitungsserie, in der Hamburger plattdeutsche Redensarten vorgestellt wurden. Zwar freute es mich, wenn von Schnacks die Rede war, derer auch wir uns bedienten – »Mann in dei Tünn, hest min Moder nich sehn?«; »Loot di man Tid, is ook'n Walzer!«; »Loot mi an Land, ik kann nich swemn!« usw. – aber vielen der dort aufgeführten Sprachsachen merkte ich an, daß sie gekünstelt waren, und mein Interesse erlosch gänzlich, als der Redakteur mit einem Schimpfwort aufwartete, das »Du dreemol um den Kercktorn gewickeltes Dachlukengespenst« lauten sollte.

Als ich vierzehn war, ist unsere Familie nach Parchim verzogen, und natürlich hatte es keinen Mangel an jenen Fehden, in die ein Junge aus der Großstadt in einem solchen Ackerbürgerstädtchen gerät, aber an Zwischenfälle, die vom Sprachlichen herrührten, kann ich mich nicht erinnern. Die Unterschiede dieser Art wurden am ehesten in der Schule, beim anders lautenden Hochdeutsch also, bemerkbar. Ich weiß noch, daß ich meiner ungebührlichen Lachanfälle wegen aus der Klasse gejagt worden bin, nachdem ein Klassenkamerad irgendein Nazi-Gedicht im Parchimer Singsang dargeboten hatte: »Einer ist vorangegangen aus der großen Heldenschar ...« – Wie gesagt, das hatte nichts mit dem Inhalt der Sache, sondern nur mit dem Widerspruch zwischen dem pathetischen Inhalt und dem für mich komischen Klang zu tun; es ging ja schon mit diesem albernen »e-i« los und wurde mit »r« und »a« nicht besser.

Umgekehrt wurde ich von meinem Klassenlehrer bestimmter Hamburger Eigenheiten wegen gehänselt; besonders zu beanstanden hatte er, daß ich immer »mal eben« einstreute, wo es nach seiner Ansicht nicht hingehörte.

Aber das führt schon sehr weit von Ihrer Erkundigung weg, und ich will auch mit diesem Brief an ein Ende kommen. Ich habe nie den Versuch gemacht, etwas Plattdeutsches zu schreiben, und daran ist in gewisser Hinsicht meine plattdeutsche Lektüre schuld. So gern ich etwa Reuter las, so genau erinnere ich mich der ständigen Transformation, der ich seine Schrift unterziehen mußte, bis die mich in vertrauten Lauten erreichte. Auch hat mich natürlich die Begrenztheit des erreichbaren Leserkreises gebremst.

Andererseits bin ich überzeugt, daß mein Hochdeutsch, mein literarisches Deutsch erkennbar die Sprache eines Menschen ist, der mit Platt aufgewachsen ist und der es immer noch liebt.

Was wieder nicht heißt, daß ich viel für die künstlichen Beatmungsversuche übrig habe. Das wird mir dann zu rasch ein Plattdeutsch der VEB Konzert- und Gastspieldirektion. Neulich sah ich im dritten westdeutschen Programm eine Fernsehshow aus Stralsund, in der sich einige von unseren

Küstenmenschen zu politischen Dingen äußerten. Mir waren plötzlich auch die plattesten Agitationssprüche goutierbar; es scheint etwas wie eine Gemütlichkeitsnuance des Plattdeutschen zu geben, das vermittelnd eingreift.

Allerdings, auf die komische Wirkung ist ebenso Verlaß; durch nichts kann ich meine hochdeutsche Familie so erheitern wie durch den Vortrag eines plattdeutschen Liedes, und meine Tochter, sie war so um die zehn, sehe ich immer noch entgeistert und mit Gewalt bei Fassung neben mir stehen, wie ich Frau Koch, die Mutter eines Schulfreundes, getroffen habe und mit ihr, die nie anders mit mir gesprochen hat, in ein hemmungsloses Platt verfalle.

So, dat mach dat denn nu woll sien, und ich grüße auch schön.

Ihr
Hermann Kant

Hans-Dietrich Dahnke

Geboren 1929 in Rostock,
Literaturwissenschaftler,
Prof. Dr. sc. phil., Direktor des
Instituts
für Klassische Deutsche
Literatur
an den Nationalen Forschungs-
und Gedenkstätten der
Klassischen
Deutschen Literatur in Weimar

Wenn einer daun deit,
wat hei deit,
denn kann hei nich mihr daun,
as hei deit.

Liebe Frau Herrmann-Winter,

ja, es sind Rückblicke aus der Ferne, wenn ich mich an-
schicke, darüber nachzudenken, was für mich das Plattdeutsche bedeutet, welche Rolle es in meinem Leben gespielt hat
und wie ich heute zu ihm stehe. Die zufälligen und notwen-
digen Wendungen meiner Entwicklung haben es mit sich gebracht, daß ich schon während des Studiums den Gegenden
von Kindheit und Jugend, dem plattdeutschen Sprachgebiet
ferner rückte; berufliche Entwicklung und familiäre Bindung machten mich für fast drei Jahrzehnte im Berliner
Raum ansässig und entfernten mich von der plattdeutschen
Sprache. Ähnliche Umstände und Motive führten schließlich dazu, daß ich nach Thüringen übersiedelte und damit
nun jegliche ständige Tuchfühlung zum Plattdeutschen ver-
lor – der Gedanke daran, daß kein Geringerer als Fritz
Reuter das letzte Jahrzehnt seines Lebens auch in thüringischen Gefilden, anmutig-lieblichen wie kulturträchtigen,
verbrachte, mildert diese Feststellung überhaupt nicht,
denn ich weiß zuviel darüber, aus welchen Gründen das bei

Reuter so war und welche Probleme sich daraus für ihn ergaben.

Ferne des Zeitlichen und Räumlichen also ist tatsächlich zwischen mich und das Plattdeutsche getreten, keine ungeheure und schreckende zwar, aber für die Maße eines individuellen Lebens durchaus hinreichend, um sie deutlich fühlbar zu machen. Und es ist wahr: In meiner jetzigen Lebenssphäre wird kein einziges Wort Platt gesprochen, ich höre es – manchmal – nur, wenn ich für Tage oder wenige Wochen, vor allem während des Urlaubs, in der alten Heimat und unter ihren Menschen bin. Mich umgibt kein Anhauch von niederdeutscher Satzmelodie und Lexik, sofern ich nicht im touristenüberlaufenen Weimar plötzlich, überraschend in die Nähe oder gar in die Mitte eines Pulks von Besuchern aus dem »hohen Norden« gerate. Ich denke und spreche hochdeutsch, wie ich es seit langem nicht anders gehalten habe, und mir ist doch, als ob ich ganz bestimmt einmal plattdeutsch gedacht haben müßte, ohne daß ich noch ermitteln könnte, wann und wie das aufgehört hat. Ich weiß, daß ich mehr und mehr die Möglichkeit zum Plattdeutschsprechen verloren habe, obwohl ich es immer noch beherrsche, mit einiger Sicherheit nach einigen Minuten des Anwärmens und Wiedereinübens, zugleich immer in der Ahnung, daß ich dieser Sicherheit mehr und mehr verlustig gehe. Ich schreibe hochdeutsch, denn plattdeutsch zu schreiben habe ich nie versucht, und ich lese nahezu ausschließlich hochdeutsch Geschriebenes.

Diese Konstellation macht mich, wie man ohne weiteres verstehen wird, inkompetent dafür, über Entwicklungsprobleme und Zukunftsaussichten, über Schwierigkeiten und Chancen des Plattdeutschen mitzureden. Ich gestehe, daß ich mit Anteilnahme und Zustimmung Nachrichten zur Kenntnis nehme, die von anhaltender Lebendigkeit des Plattdeutschen, ja gar von wachsender Sympathie und von zunehmendem Interesse für diese mir so vertraute Mundart berichten und die damit den noch vor historisch gemessen kurzer Frist oftmals anzutreffenden, je nachdem optimistisch oder pessimistisch gestimmten Orakeln wie den berechtigten Befürchtungen in Hinsicht auf die weitere Existenz des Plattdeutschen das Wasser abzugraben scheinen. Ich bin für das Überleben dieser geschichtlich wirklichen und produktiven Erscheinung, wiewohl ich weiß, daß mein Wunsch völlig bedeutungslos ist, und ich nicht weiß, ob sich meine Hoffnung erfüllen wird. Die Geschichte ist über viele Kulturen und Sprachen hinweggeschritten und hat sie unfühlend-erbarmungslos in den Staub sinken, von Staub bedecken und begraben lassen. Tröstend ist, daß, unabhängig vom schließlichen Überleben oder Untergehen einer Kultur und Sprache, die Menschen inzwischen die Neigung und Fähigkeit erworben haben, die Geschichtlichkeit einer solchen Erscheinung zu erforschen und festzuhalten, was gewiß ein Beitrag zur Förderung von deren weiteren Lebenschancen sein kann. Nützlich und bejahenswert ist nicht minder, daß es Liebhaber, Professionelle und Amateure, gibt, die sich für Pflege und Ausbreitung des Plattdeutschen einsetzen und die mit bewunderungswürdiger Hingabe im Dienste dieser Sache tätig sind, mögen sie das in angemessener und effektiver Weise tun oder auch hier und da mit illusionären und untauglichen Vorstellungen. Förderlich kann nahezu alles sein, bis auf wirklich Geschichtsblindes, Verbohrtes, mit Recht der Lächerlichkeit Verfallendes. Garantien wird man nichtsdestoweniger daraus nicht ableiten, aber doch Hoffnungen darauf gründen und gute Wünsche dafür aussprechen können.

Mein Blickwinkel ist individuell bestimmt. Was zu sagen ist, gilt zunächst ausschließlich für mich. Anders könnte die Formulierung von den Rückblicken aus der Ferne womöglich als eine oberflächliche, leichtfertige Verallgemeinerung zu verstehen sein, als gäbe es nicht noch – oder wieder? – eine lebendige Gegenwart des Plattdeutschen und als seien schon endgültige Urteile durch die Geschichte ergangen.

In diesem Sinne möge hier etwas vergegenwärtigt werden,

was für mich unwiederbringlich Vergangenes und zugleich unverlierbarer Teil meines Lebens ist. Denn Plattdeutsch war die Sprache meiner Kindheit – das war in den dreißiger Jahren – in dem genauen Verständnis, daß es in meiner Umgebung absolut überwiegend gesprochen wurde. Die engere Familie bediente sich ausschließlich der Mundart. Hochdeutsch kam nur in Anwendung, wenn Besuch von außerhalb, will sagen: aus dem nicht-niederdeutschen Sprachraum oder aus großen Städten kam. Das geschah insbesondere im Sommer, wenn die Brüder meiner Mutter mit ihren Frauen, die sie in Stettin gefunden hatten, die aber nicht plattdeutsch sprechen, sondern bestenfalls es verstehen konnten, und mit ihren Kindern, die das Hochdeutsche als Muttersprache hatten, zu Besuch eintrafen. Ich habe in den Sommerferien viel mit meinen Cousinen gespielt; wie sich die Verständigung vollzogen hat, weiß ich freilich beim besten Willen nicht zu sagen – es ist mir heute ein kleines Rätsel, aber als Problem habe ich es nicht in Erinnerung.

Meine Eltern jedenfalls waren in der Lage, aufs Hochdeutsche umzuschalten, allerdings in unterschiedlichem Grade. Meine Mutter hatte einige Jahre in Berlin als Hausmädchen in Diensten gestanden, und so gab es für sie keine Schwierigkeiten im Umgang mit hochdeutsch Sprechenden. Mein Vater indessen ging, soweit ich das heute noch rekonstruieren kann, zögerlicher, wenn möglich ausweichender an die Sache heran. Immerhin danke ich ihm die Möglichkeit, erstmals, freilich noch auf höchst naive und unreflektierte Art, auf die vielfältigen geschichtlichen und lokalen Schattierungen des Plattdeutschen aufmerksam gemacht worden zu sein. An vier Nachmittagen in der Woche versorgte die Bäckerei in Groß Tetzleben, in der mein Vater arbeitete, benachbarte Dörfer mit Brot und anderen Backwaren. Wenn mein Vater dieses Geschäft zu erledigen hatte, ergab sich für mich die nicht selten genutzte Gelegenheit, ihn zu begleiten. Und ich weiß genau, daß es mich als Kind bereits erstaunte, daß es im vorpommerschen Lebbin noch »Schaul«

und »Schauh«, aber im mecklenburgischen Woggersin, nur einen Kilometer weiter, doch bereits jenseits der Landesgrenze, die zum Leidwesen für meine Neigung, möglichst phantastische Geschichten mit solchen historischen Orten zu verbinden, durch nichts als eine schlichte Schlehenhecke an einem jämmerlichen, zumeist ausgetrockneten Graben entlang markiert war, nunmehr bereits »School« und »Schoh« hieß. Ich kann beschwören, daß mein frühzeitiges, später allerdings nicht weiter kultiviertes Interesse für Sprachgeschichte und Mundartforschung in dieser Wahrnehmung seinen Ursprung fand.

Ein paradoxer Fall, was den praktischen Umgang mit Sprache betraf, war meine im gleichen Dorf wohnende Großmutter mütterlicherseits, eine einfache, mit einem herrlich wachen Sinn und warmen Herzen ausgestattete Tagelöhnerfrau; sie hat für meine Kindheit eine überaus wichtige Rolle gespielt, und so habe ich auch immer sehr an ihr gehangen. Sie sprach nahezu ausschließlich platt. In späteren Jahren, als ich schon »in der Stadt« zur Schule ging und es nicht ausblieb, daß Schulkameraden und Freunde zu mir kamen, schaute ich mit meinem Besuch auch gelegentlich bei den Großeltern vorbei, und ich hatte dann fast immer das erheiternde Erlebnis, daß meine Großmutter, ins Gespräch verwickelt und sich im übrigen, weil sie Sinn für die große Welt hatte, auch selbst nur zu gern darein verwickelnd, hochdeutsch zu sprechen begann und nach knapp einem halben oder dreiviertel Satz in Schwierigkeiten geriet, sich selbst unterbrach und mit den Worten »Schiet, ik räd leiwer plattdütsch« neu ansetzte. Glücklicherweise kamen meine Besucher ja nie von so weit her, daß sie nicht selbst Plattdeutsch verstanden hätten. Was mich aber dann – in wiederum späteren Jahren, als ich über solche Erfahrungen nachzudenken begonnen hatte – regelrecht in Verwunderung setzte, war, daß meine Großmutter, die, wenn es die Zeit erlaubte, gerne las, Zeitungen, Illustrierte, Kalender, manchmal die Bibel oder das Gesangbuch, ab und an einen

Zeitungs- oder Heftroman, gelegentlich sogar ein Buch, so gut wie ganz außerstande war, plattdeutsch Geschriebenes zu lesen. Es gab bei ihr immer den »Voß-un-Has-Kalenner«, für mich ein geliebtes Wunderding und mit einiger Wahrscheinlichkeit die früheste gedruckte Quelle, aus der ich niederdeutsche Poesie und Prosa kennenlernte – ich glaube: weitaus eher hörte denn selbst las. Von meiner Großmutter allerdings bekam ich daraus nichts vorgelesen, das wurde immer jemand anderem überlassen und am meisten von meiner Tante Martha gepflegt, und auch hier gab es einige Probleme mit der Flüssigkeit des Vorlesens, wenn es sich nicht um fast schon auswendig Beherrschtes handelte.

Immerhin gab es in der weiteren Familie jemanden, der mit dem Plattdeutschen bewußter umging, der wahrscheinlich niederdeutsche Literatur las und ab und an plattdeutsche Verse machte. Das geschah in wirklich weiter Ferne, wohl in tiefer innerer Bindung an die Heimat und aus echtem Heimweh. Es war Onkel Wilhelm aus Amerika, einer der drei Brüder meiner Lieblingsgroßmutter, die um 1900 in die USA ausgewandert waren und sich in Milwaukee angesiedelt hatten. Er nun kam 1933 zu Besuch in die alte Heimat, und dieses Ereignis hat sich mir, obwohl ich damals erst vier Jahre alt war, tief eingeprägt. Onkel Wilhelm, übrigens ein alter Sozialdemokrat, und einer, der 1933 schon seinen lieben Verwandten prophezeite, daß Hitler den Deutschen den Krieg bescheren würde, war wohl wirklich der erste, der mir ins Bewußtsein rückte, daß man im Plattdeutschen heiter und ergötzlich reimen und damit zumindest auch den Spaß am Leben vergrößern kann. Noch heute besitze ich ein Foto, das mich als vierjährigen Knirps zeigt, in der linken Hand einen Knüppel, wie man ihn zum Säckeaufladen gebrauchte, und eine Tüte Salz, mit der Rechten einen über die Schulter gelegten riesigen Sack festhaltend. Welche Bewandtnis es mit diesem Spaß hatte, den sich die Erwachsenen mit mir gemacht hatten, erläutern plattdeutsche Verse, die Onkel Wilhelm gedichtet hat.

Hier kœn'n ji seihn den lütten Dieter,
Wie hei hier steiht as Hasengrieper:
Sack œwer de Schuller un 'n Knüppel inner Hand,
Marschiert hei dörch den Lebbiner Sand.
Ut dei Lebbiner Dan'n, dormit jie't weiten,
Wull hei dei Hasen ruterfläuten.
Dat wier son'n Spaß, wür' hei sich freu'n,
Künn hei up'n Schwanz ehr Solt rupstreu'n.
Doch is vergäbens sien Fläuten und Luern,
Hei ahnt nich, dat s' em hemm' tau'n Buern,
Dat Hasen daun nich, as man secht –
Sei hölln nich still, sei lep'n wech.
Drum künn lütt Dieter kein' dot nich schlan
Un müßt ahn Hasen tau Hus werrer gahn.

Natürlich sind diese Reime oft genug in der Familie vorgelesen und zitiert worden; ich kann sie auswendig.

Heute noch wäre ich geneigt zu sagen, daß ich Hochdeutsch erst in der Schule gelernt habe, obwohl das wahrscheinlich ein bißchen komplizierter verlaufen ist. Ich denke, das Lernen hat auf heute nicht mehr nachvollziehbare Weise schon vorher begonnen. Gewiß ist, daß die vier Jahre Unterstufe in der Dorfschule kaum noch voll für den Abschluß dieses Vorgangs in Anspruch genommen worden sind.

Dann also »de Stadtschaul«, zunächst die Mittelschule in Altentreptow, viereinhalb Jahre lang, endlich die Oberschule in Neubrandenburg, bis zum Abitur. Hier herrschte eindeutig das Hochdeutsche vor, auch im Umgang der Schüler miteinander. Mir scheint allerdings, daß es im Deutschunterricht, im Mündlichen und Schriftlichen, in Diktat und Aufsatz, nicht mehr Schwierigkeiten gegeben hat, als sie auch in den Schulen des hochdeutschen Sprachgebiets auftraten. Natürlich zeigten sich Unterschiede nicht nur in Hinsicht auf die Leistung allgemein, sondern auch auf die Beherrschung des Hochdeutschen, aber Ausrutscher und

Fehler wurden untereinander grundsätzlich nicht über Gebühr zur Kenntnis und ernst genommen.

In lebhafter Erinnerung ist mir einer meiner Lehrer aus Altentreptow, Karl Michaelis. Ich hatte bei ihm nahezu alle naturwissenschaftlichen Fächer, und das ging fast immer mit einigem Hallodri ab. Karl Michaelis war ein Original, auf seine Weise ein Nachfahre von Zacharias Bräsig, und er fühlte sich ihm wohl auch ein bißchen innerlich verwandt. Er war klein und rundlich, aber behend und flink, ein großer Fußgänger und Wanderer. Ihm konnte man überall in der näheren oder weiteren Umgebung von Altentreptow, zwischen Siedenbollentin und Neubrandenburg, zwischen dem Landgraben und Stavenhagen begegnen. Dieser Mann flocht in seinen Unterricht ziemlich oft und mit bewußter Nuancierung plattdeutsche Redewendungen ein, und natürlich fehlte dabei nicht eine kräftige Portion von Bräsigschem Missingsch. Durchaus möglich ist, daß ich schon vorher in der Familie gelegentlich »Daß du die Nase ins Gesicht behältst!« gehört hatte. Aber durch »Korl Micheels« ist mir dies und anderes bestimmt nachdrücklich ins Gedächtnis eingetragen worden.

Durch diesen Lehrer trat mir indessen auch Fritz Reuter als historische Persönlichkeit näher. Im Dachmansardengeschoß der Mittelschule betreute Michaelis mit leidenschaftlicher Hingabe ein kleines Heimatmuseum, und darin fehlten natürlich nicht einige Erinnerungsstücke an Fritz Reuter und seine Altentreptower Jahre; möglicherweise gab es dort sogar eine Reuterkutsche, ob echt oder nicht, möge dahingestellt bleiben. Wichtiger wurde für mich ein gerahmtes Bild, Stahltisch oder Lithographie, in dessen Zentrum ein Reuter-Porträt stand, das umgeben war von den Köpfen jener Männer, mit denen der damalige Turnlehrer und angehende Autor freundschaftlichen Umgang gepflogen hatte. Von diesen Herren wußte ich wenig, und sie interessierten mich zunächst auch kaum, bis auf einen, den ich genauer betrachtete, den Gutsbesitzer Hilgendorf aus Klein Tetzleben: Da machte sich mein naiver Lokalpatriotismus geltend, denn in Groß Tetzleben war ich zu Hause, und – Groß oder Klein hin und her – es tat mir unendlich wohl und erfüllte mich mit Stolz, aus einem Dorf zu kommen, in dem einer der Freunde von Fritz Reuter ansässig gewesen war. Noch bei der um manches später erfolgten Erstlektüre der »Stromtid« nahm ich begierig die Stellen wahr, an denen in einem Roman der Weltliteratur, in einem großen poetisch-fiktiven Erzählwerk mein Heimatdorf richtig »vorkam«. Einige Jahre später – es muß nach 1945 gewesen sein, denn es gab für mich keine Möglichkeit mehr, an die Porträtbildmontage im Altentreptower Heimatmuseum heranzukommen – hätte ich viel dafür gegeben, es noch einmal gründlich in Augenschein nehmen zu können, auch jetzt noch nicht aus literaturhistorischem oder reuterkundlichem Interesse, sondern aus persönlicher Betroffenheit. Da hatte ich nämlich erfahren, daß aller Wahrscheinlichkeit nach einer der Altentreptower Freunde Reuters mein eigener Ururgroßvater war, nämlich der Gutspächter Wüstenberg aus Burow; es war freilich, was meinen Stolz damals noch etwas mit Peinlichkeit zu überhauchen vermochte, ein Vorfahre illegitimer Prägung: Meine Ururgroßmutter war Dienstmädchen in Burow gewesen, und so hatte eine Entwicklung ihren Lauf genommen, die zunächst einmal den leidend Betroffenen, meiner Ururgroßmutter und meinem Urgroßvater, ernste Probleme bereitet hat, letztlich aber dazu beitrug, daß Fritz Reuter ein Gegenstand ernsthaften Studiums für mich wurde, was wiederum zu dem wichtigsten und stärksten Band sich entwickelte, das mich mit niederdeutscher Literatur und Sprache vertraut bleiben ließ und läßt. Was nämlich meine Großeltern und Eltern kaum vermochten und deshalb auch zumeist ließen, das Lesen plattdeutsch geschriebener Texte, habe ich noch während meiner Schülerzeit zu treiben begonnen. Und daß es zumal Reuter war, dem mein Interesse galt, wird nicht weiter wundernehmen. Hinzufügen muß ich noch, was es mir bedeutete, daß ich meine ganze Kindheit just im

Dreieck zwischen den drei Reuter-Städten Stavenhagen, Altentreptow und Neubrandenburg verbracht hatte. Ich empfand mich gleichsam berufen, dieser Situation Rechnung zu tragen; historische Verpflichtung und persönliche Neigung trafen zusammen und bewegten mich, das meinige zu tun, um die Beziehung zu Fritz Reuter und seinem Werk lebendig zu erhalten. Als 1948, im Jahre meines Abiturs, die Stadt Neubrandenburg ihre 700-Jahrfeier beging, durfte ich auf einer großen Kulturveranstaltung meiner Schule vor mehreren hundert Gästen eine Art Festrede halten. Wem anders hätte sie gewidmet sein können als Fritz Reuter? Gesprochen habe ich natürlich Hochdeutsch, das inzwischen für mich längst zur täglich benutzten Hauptsprache geworden war. Damit hatte ein Prozeß einen Abschluß erreicht, der mit dem Heraustreten aus der engen, relativ geschlossenen Welt der Familie und des heimatlichen Dorfes begonnen hatte. Plattdeutsch sprach ich nur noch gelegentlich, zumeist durchaus mit lustvollem Behagen, manchmal aber auch unter einem moralischen Zwang, weil es nicht wenige Leute im Dorf gab, die das Plattsprechen zum Kriterium ihrer Menschenschätzung machten: Wer nicht mehr bereit war, mit ihnen in der heimischen Mundart zu reden, trug seine Nase entschieden zu hoch; ich jedenfalls mochte nicht als eingebildet gelten. Und dennoch nahm etwas Unvermeidbares und Unabänderliches seinen Lauf. Die Öffnung für plattdeutsche Literatur, vollzogen nahezu ausschließlich im Umgang mit Reuters Werken, erweiterte zwar meinen Horizont und vertiefte auch in einem bestimmten Sinne meine Bindung an die Sprache der Kindheitswelt, aber sie stand auch bereits im Zeichen unwiderruflichen Fernerrückens und distanzbewußten Lebendighaltens. Es scheint mir heute, daß dies eine qualitativ entscheidende Veränderung in meinem Verhältnis zum Plattdeutschen war.

Nicht leicht fällt es mir, das, was sich hier in Übereinstimmung mit meinen Erfahrungen und Erinnerungen als subjektiv geprägter Vorgang darstellt, in Beziehung zu den großen objektiv-geschichtlichen Umbruchsprozessen zu setzen, die sich in den mittvierziger Jahren, vor allem nach 1945 begaben. Der Übergang vom Plattdeutschen zum Hochdeutschen, den ich weitgehend, vielleicht vollständig unbewußt vollzog, erscheint mir noch von heute aus als ganz an meine persönliche Entwicklung gebunden. Er hätte so wohl auch unter anderen geschichtlichen Bedingungen seinen Lauf genommen. Aber es ist eine Tatsache, daß er zeitlich parallel ging zu geschichtlichen Wandlungen, die tief in das Leben auch des plattdeutschen Sprachgebiets eingriffen, die nicht nur die Nazizeit beendeten, sondern zugleich eine weit ältere geschichtliche Konstellation, ein uralt scheinendes Gefüge von sozialen Zuständen und Beziehungen ins Bröckeln brachten und schließlich ein ganz Anderes und Neues an dessen Stelle setzten. Wie weit rührte das an die Existenz und Geltung des Plattdeutschen? Welche Folgen hatte es für dessen Lebendigkeit?

Was mir in dieser Hinsicht als bestimmend erscheint, ist die ungeheure Bewegung, in die die Menschen damals geraten waren, die alles durchwirkende Vermischung ganz unterschiedlich situierter und sprechender Volksteile, die Neustrukturierung der Bevölkerung in Dörfern und Städten, zumal im Zusammenhang mit neuen politischen und sozialen Verhältnissen, mit neuen Bedingungen für Lebensweise und Produktion, für Kommunikation und Kultur.

Je mehr die Folgen des Krieges, den das nazistische Deutschland der Welt aufgezwungen hatte, auf dessen Ursprungsort zurückschlugen, desto anders fand ich mein heimatliches Dorf. 1943/44 begann es darin belebter und enger zu werden. Aus den großen Städten, vor allem aus Stettin und Berlin, wurden viele Menschen, in der Hauptsache Frauen und Kinder, zum Schutz vor Luftangriffen evakuiert. Die eingesessenen Dorfbewohner mußten ihnen Platz in ihren Häusern geben; auch wir nahmen Verwandte aus Stettin in unsere nicht gerade geräumige Wohnung auf. Natürlich bediente man sich zur Verständigung mit den Evakuierten in erster Linie der hochdeutschen Sprache; mit ihnen lebte man noch im Bewußtsein zusammen, daß es sich um eine nur kurzfristige Einquartierung handele, die keine Folgen für den überlieferten Bestand der gewohnten kleinen Welt haben müßte. Anders wurde es dann, als in den ersten Monaten des Jahres 1945 eine nahezu beängstigende Menge von Flüchtlingen aus den Gebieten jenseits der Oder in das heimatliche Dorf verschlagen wurde. Sie kamen aus den verschiedensten Provinzen und Sprachgegenden, aber ich erinnere mich auch, daß eine ziemlich große Gruppe, die aus einem Dorf im hinterpommerschen Kreis Deutsch-Krone stammte, geschlossen ankam. Sie alle brachten ihre oftmals ganz anderen Traditionen und Denkweisen, Sitten und Gebräuche mit, aber selbst die Flüchtlinge und Umsiedler aus dem einen hinterpommerschen Dorf waren nicht imstande, sie in der mecklenburgisch-vorpommerschen Umwelt einzupflanzen und zu bewahren. Zunächst lebten sie in der Hoffnung, nach kurzer Zeit in die eigenen Heimatgegenden zurückkehren zu können, aber bald – längst noch bevor sie in ihrem Bewußtsein den Verlust als unwiderruflich akzeptierten und die fremde Umgebung als zweite Heimat anzunehmen begannen – wurden sie durch die ehernen Zwänge des Lebens dazu bewegt, mit dem Aufbau eines neuen Lebens zu beginnen.

Und mochten die älteren Generationen noch über einige Jahre hinweg versuchen, untereinander mit den eigenen Leuten zusammenzuhalten, so mischten sich die jüngeren – vielleicht zum Erstaunen, vielleicht zum Ärger der jeweiligen Älteren – sehr bald mit den Kindern der Eingesessenen, gewiß schon bei der Arbeit, noch mehr beim Vergnügen. Man braucht sich nur auszumalen, welche unglaublichen neuen Möglichkeiten sich für die jungen Burschen und Mädchen im Dorf ergaben; an Sonnabenden und Sonntagen ging es wahrhaft aufregend und gemischt auf dem Tanzboden zu. Ich erinnere mich, daß drei von vier Söhnen aus einer Familie meines Dorfes in schnellem Abstand Mädchen heirateten, die allesamt aus jenem hinterpommerschen Dorf stammten.

Welche Konsequenzen sich aus dieser geschichtlich unerhörten Umwälzung für den sprachlichen Umgang ergaben, ist im einzelnen sicher kaum zu beschreiben, aber im ganzen unschwer vorstellbar. Ob man zum Kontakt untereinander gezwungen war oder aber ihn mit Begier suchte, es fand sich ohne weiteres, daß Hochdeutsch die beste Brücke schlug. Das jeweilige Platt zu sprechen hatte nahezu die Funktion der Einigelung und Abgrenzung. Die Neuankömmlinge konnten, sofern sie ihre Mundart mitbrachten, sie immer weniger brauchen, aber auch die Nutzbarkeit des mecklenburgisch-vorpommerschen Plattdeutsch erlitt erhebliche Einbußen. Auf diese Weise fanden wechselseitige Distanz oder gar Verspottung wenig Nährboden mehr, Reserviertheit gegeneinander zog sich gezwungenermaßen bald in innerfamiliäre und innerindividuelle Empfindungsbereiche zurück. Welcher Umschwung! Ich weiß noch genau, welche seltsam abweisenden Reaktionen es in früheren Jahren gegeben hatte, als ein junger Mann aus meinem Heimatdorf eine Frau mitbrachte, die aus Hinterpommern kam und statt des unsrigen das dortige Plattdeutsch sprach. Diese Reaktionen entzündeten sich gerade an der anderen Sprechart. In Erinnerung ist mir eine auch in der eigenen Familie umgehende Spottrede auf das hinterpommersche Platt, die – ohne daß ich je den Sinn begriffen hätte – etwa so begann: »Schaste ma scheie, sche ware wibbere ...« Und gerade aus der Ursprungslandschaft dieser bespöttelten Variante zur eigenen Mundart waren nun so viele Menschen in unser Dorf gekommen, richteten sich wollend-nichtwollend darin ein und begannen ein Leben, an dem kein Vorbeisehen möglich war.

Ich glaube, daß von diesen Wandlungen für die geschichtliche Wirklichkeit des Plattdeutschen, die ohnehin einem spürbaren Erosionsprozeß unterlag, entscheidende Reduktionen ausgegangen sind. Die kleinen lokalen und familiä-

216

ren Inseln, in denen Plattdeutsch wirklich noch ein Zuhause hatte, erwiesen sich als geschichtsunmächtig, sie wurden gleichsam zersprengt, inkonsistenter gemacht und immer stärker voneinander isoliert. Dieser Prozeß erfaßte jedes Dorf, langsamer vielleicht jene Guts- und »Hof«-dörfer, in denen die Menschen bis an das Kriegsende unglaublich abgekapselt und eingezogen lebten, schneller vielleicht größere Bauerndörfer. Und so liegen hier wohl die Wurzeln für jene Tendenz, die in den Besorgnissen und Klagen derer, denen die Mundart ein Stück ihres Lebens bedeutet, widerhallt.

Was mich betrifft, so ist das weitere in gedrängter Form zu berichten. Vier Semester studierte ich in Greifswald und damit im niederdeutschen Sprachraum. Die Germanistikausbildung enthielt auch das Thema Mundart, aber was hatte das eigentlich mit meinem mecklenburgisch-vorpommerschen Platt zu tun? Indessen trug nun meine Reuter-Kenntnis Früchte. Mit einem aus Greifswald stammenden Kommilitonen stellte ich ein Programm für einen Reuter-Abend zusammen. Damit schickte uns der Kulturbund über Land – nach Lubmin und Züssow und auf die Insel Riems. Und wir waren erfolgreich, fast immer versammelte sich ein reichliches Publikum, das sich an den »Läuschen un Rimels«, an komischen und gefühligen Passagen aus den verschiedenen Versdichtungen und Prosawerken zu erfreuen gedachte und offensichtlich bei uns beiden, die wir zwar laienhaft, aber mit großer Lust zu Werke gingen, auf seine Kosten kam. Wenn auch nicht verschwiegen werden darf, daß das bescheidene Honorar für unsere bedürftigen Studentensäckel eine schöne Auffüllung erbrachte, so war dies doch nicht das ausschlaggebende Motiv. Uns hat es selbst immer wieder Spaß gemacht. Und noch in späteren Jahren habe ich gern Reuter vorgelesen, nicht nur – aber sicher vorwiegend – im kleinen, geschlossenen Kreise. In den siebziger Jahren, so weiß ich, entwarf ich ein neues Reuter-Programm, mit dem ich, als es einen Intensivkurs für marxistisch-leninistische Weiterbildung der Hochschullehrer im Rahmen der Humboldt-Universität mit einem auf das eigene Fach bezogenen Praxiseinsatz abzuschließen galt, vor Werktätigen der Volkswerft Stralsund auftrat. Noch heute, so denke ich, würde mir dergleichen Spaß machen. Aber inzwischen habe ich im Thüringischen die Erfahrung gemacht, daß man hier bestenfalls noch mit einem Missingsch-Text auf Verständnis hoffen kann, und – so köstlich auf ihre Art immer wieder Zacharias Bräsigs Waterkur-Erzählung sein kann, sie ersetzt doch nicht, was zum ganzen Reuter gehört, nicht einmal, was den inneren Reichtum der Bräsig-Figur ausmacht.

In meiner literaturwissenschaftlichen Arbeit freilich ist Reuter ein durchaus wichtiger Gegenstand gewesen. Meine Beziehungen zu ihm wurden dauerhaft aktiviert, als ich am Ende der fünfziger Jahre eingeladen wurde, bei der Ausarbeitung der wissenschaftlichen Konzeption und des Drehbuchs für das 1960 zu eröffnende Fritz-Reuter-Literaturmuseum im Stavenhagener Rathaus mitzuwirken. Gemeinsam mit Hans Joachim Gernentz und Arnold Hückstädt habe ich dieses Vorhaben zu verwirklichen geholfen. Im fernen Bagdad erreichte mich 1960 die Nachricht, daß uns dreien im Kollektiv der Fritz-Reuter-Preis für Kunst und Literatur des Bezirkes Neubrandenburg verliehen worden war.

Meine Vertrautheit mit Reuters Werken war inzwischen so gewachsen, daß ich mich nach Rückkehr von einer dreijährigen Tätigkeit im Ausland entschloß, über den niederdeutschen Dichter meine Habilitationsschrift zu schreiben. Die Studien dafür haben indessen nicht nur Reuter gegolten; nicht minder habe ich bei dieser Gelegenheit mecklenburgische Geschichte und die Werke anderer plattdeutscher Autoren zur Kenntnis genommen. Es war ein tiefes Eintauchen in die Welt des 19. Jahrhunderts, und bedauerlich ist für mich daran nur geblieben, daß die Zeit bisher niemals ausgereicht hat oder günstig war, das Gesamtergebnis jener Studien in einer gediegenen Publikation zusammenzufassen.

Aber bei allem Gelegentlichen und Fernen der aktiven

Beziehung weiß ich zugleich, daß das, was mein inneres Sein so grundlegend geprägt hat, in mir bleibt. Ich merke es an spontanen Reaktionen, die sich in Aussprüchen entladen, die plattdeutsch gesprochen weitaus wohlanständiger und erfreulicher wirken als hochdeutsch. Und Freude habe ich immer wieder an einer bewußten, wenn auch ironisch gebrochenen Nutzung plattdeutscher Zitate oder Wendungen. Schließlich hat das mit Aspekten des Weltanschaulichen, ja ich möchte sagen: des Philosophischen zu tun. Da ließe sich manches benennen, in dem ein nicht gering zu veranschlagender Vorrat an Lebensweisheit beschlossen liegt, wie er noch in heutigen Zeiten hilfreich sein kann, und sei es auf keinem anderen Wege, als daß er ein produktives Gegengewicht zu Anforderungen und Belastungen des gegenwärtigen Alltags böte. Und da gerade offenbart sich das Plattdeutsche in seiner reinsten Eigenheit. Ich nehme zum Ende nur das Motto, das Reuter seinen »Läuschen un' Rimels« vorangestellt hat: »Wenn einer daun deit, wat hei deit, denn kann hei nich mihr daun, as hei deit.« Wenn ich das nach gelegentlichem Zitieren ins Hochdeutsche übersetzen muß – ich tue das dann ganz wörtlich, der Unmöglichkeit des Übersetzens wie der möglichen Schockwirkung wegen –, kommt nichts als eine unsägliche Banalität zutage. Wer aber, der mit dem Plattdeutschen vertraut ist, wüßte nicht zu sagen, welche tiefere Bewandtnis es mit diesem sinnigen Spruch hat. Und so sei eben der auch der Beschluß dieses meines merkwürdigen Mischprodukts: Mich verabschiedend ziehe ich mich auf ihn zurück.

Ihr
Hans-Dietrich Dahnke

Horst Hussel

Geboren 1934 in Greifswald,
Graphiker und Schriftsteller,
lebt in Berlin.

Quod lumen, lumen:
Wat licht, licht.

Liebe Frau Herrmann-Winter!

In Terminbredullje steckend, verschob ich meinen Brief von
einem Tag auf den anderen. Ihre Fragen will ich gerne be-
antworten.

Im Eltern- u. Großelternhaus wurde kein Platt gesprochen. Die Volksschule (4 Klassen) besuchte ich in Sternberg. Sternberg war damals (1939) eine kleine Ackerbürger-
stadt. Kuh-, Gänse-, Ziegenhirten bliesen ins Horn, es gab
einen Schafhirten und ein Scheunenviertel. Das Wasser
wurde aus Brunnen gepumpt. Platt gedieh prächtig – sonder-
bar wär 's gewesen, die Leute hätten hochdeutsch oder alt-
griechisch gesprochen (was sie nur in Neubukow tun). Im
Textilwarengeschäft meines Stiefvaters sprach die Land-
kundschaft platt. Frau Apotheker kaufte ihren Hut hochdeutsch. In der Schule wurde platt gesprochen, es war die
Umgangssprache der Kinder, aber es wurde von den Lehrern
nicht gerne gehört. Denn um den Dativ und Akkusativ
stand's schlecht. Ganz anders dann auf dem Gymnasium
bzw. der »Großen Stadtschule« zu Wismar. Dort wurde Platt
gepflegt. Es gab Heimatforscher und Heimatkalender – jeder Stein wurde so lange gedreht, bis ein Opferstein draus
wurd.

Die Frage, ob Niederdeutsch eine Sprache oder ein Dialekt
ist, wurde endlos ventiliert. Und es gab eine »Niederdeutsche Bühne«, wo »De rode Unnerrock« gespielt wurde. Auch
später, auf der Fachschule für angewandte Kunst, ebenfalls

2 Männer im Gespräch. ~ In Meklenburg

in Wismar, wurde platt gesprochen. Unserem Schriftdozenten standen die Haare zu Berge, weil wir plattdeutsche Texte (ohne Regeln – in eigner Grammatik und mit eigenen Wortempfindungen) in gotischen oder Antiqua-Buchstaben zu Papier brachten. Das aber hatte wenig mit »Wärme« oder »Nähe« zu tun, sondern mit Ironie, Abstand – Ausdruck des Grotesken und Zweifels. Hochdeutsch war ohnehin schon alles gesagt, und selbst das »Tiefste« wurde zur Phrase. So schien es uns. Wenn der Bahnhofsvorsteher dem Lokomotivführer beim Anfahren des Zuges nachrief: »Hest all 'n Lütten hatt hüt?« – dafür hätten wir den ganzen Schiller gegeben. Mit großer Befriedigung stellten wir auf der »Penne« fest, wie die betonten Texte, wie »Iphigenie«, ins Komische rutschen, wurden sie platt gesprochen. Platt machen heißt aber auch einebnen. Einen Text in platt könnte ich nicht schreiben, aus vielerlei Gründen. Das Kolorit aber ist allemal norddeutsch.

Ob nun hochdeutsch oder niederdeutsch gesagt – es ist eben mecklenburgisch: das Museum in Schwerin wurde von mächtigen alten Bäumen flankiert. Einer dieser Bäume – zur Seeseite hin – wurde von einem Sturm entwurzelt. Etliche Jahre nach diesem Ereignis sprach mich ein mir unbekannter älterer Herr vor dem Museum an. Er zeigte auf die Stelle, an der früher der Baum stand, und sagte: »Sehn Sie den Baum da, der fehlt mir sehr.« Und das ist es wohl.

Wo Plattdeutsch Umgangssprache ist, höre ich gerne zu und rede mit – wo es künstlich gehegt und gepflegt wird, hör' ich lieber weg. Ob Plattdeutsch Literatursprache sein kann und ob es das war oder ist, kann ich nicht sagen. Verneint man die Frage, wofür sich Gründe anführen lassen, kommt einer und liefert den Gegenbeweis (ich sehe ihn allerdings nicht). Ob die Außenwelt unser Denken und unsere Empfindungen beeinflußt, das ist wohl zu bejahen (ich denke an Storm und Mörike), und insofern hat eine »Literatur nach Landschaften« eine gewisse Berechtigung. Aber mit Ausnahmen. Kurt

Schwitters ist mehr norddeutsch gefärbt als Ida Hahn-Hahn – ist diese Gegenüberstellung nicht schon sehr plattdeutsch? Ida Hahn-Hahn als Auguste Bolte der mecklenburgischen Literatur! – Wir sagten immer: quod lumen, lumen = wat licht, licht. Womit ja fast alles gesagt ist. Dieser Satz ist beinahe schon die Antwort auf Ihre Frage. – Vielleicht haben Sie Spaß an einem Dialog, der reichlich plattdeutsch geführt ist:

De Höhner

Ein Garten-Vignette

Mann: Ihr Höhner! ... Wollt ihr! ... Wollt ihr mal! ... Euch werd ich! ... Aber! ... Nun aber! *(Setzt sich auf einen Hauklotz)*

Frau: Gott, Mann! ... Die Hühner! Alle im Garten! – Die Bohnen, der Salat, die Petersilie, ... die Dahlien und alles – schlimmer wie verhagelt!

Mann: Ihr Höhner ... ihr mallen Ochsen! Immer durchs Loch in den Garten! ... Wollt ihr! ... Wollt ihr mal endlich!

Frau: Der Garten – ein Paradies. Das sagen alle. Und so gepflegt. Die viele Arbeit, die drinsteckt! – Gott, ich mag schon gar nicht hinsehn!

Mann: Wollt ihr! ... Aber endlich! ... Ich mach euch Beine! ... Ihr Ossen! ... Ich schlag euch noch tot!

Frau: Das Paradies, wie es nun aussieht. Die reinste Wildnis! Kannst du nicht aufstehn. Kannst du nichts tun. Tu doch was. Schreien könnte ich, schreien!

Mann: Nun aber! ... Aber nun! ... Könnt ihr nicht hören. ... Hört! ... Hört auf!

Frau: Und im Flieder sind auch welche! Ich halt's nicht aus, ich halt's nicht länger aus! Gott, Mann!

Mann: Bitte! ... Nun aber bitte! ... Wollt ihr.

223

Frau: Bitten tust du. Ich könnte schreien. Ist das ein Mann? – Das ist kein Mann.

Mann: Hört ihr? ... Nun aber! ... Alles was recht ist! ... Euch werd' ich noch!

Frau: Ich werde dir sagen, was du für mich bist: du bist eine Flasche. Das bist du!

(Schlägt mit einem Löffel auf den Kopf des Mannes, der Mann fällt tot vom Hauklotz)

Gott, Mann! – Seht! da seht, was ihr angerichtet, ihr Ossen! Schreien könnte ich, schreien!

Vielleicht ist das auch ein wenig Pocci, also süddeutsch – Hühner gibts eben überall.

Mit freundlichen Grüßen
Ihr Horst Hussel

Zur Schreibweise

Alle Texte dieses Buches sind – mit Ausnahme von drei Briefen – verschriftete Gespräche. Doch der Ton, den die mündliche Rede unmittelbar äußert, fehlt, ebenso wie Rhythmus, Sprechtempo, Klang und Pausen. In den hochdeutschen Texten werden einige Merkmale der Sprechsprache durch umgangssprachliche und dialektale Elemente sichtbar. Bei den plattdeutschen Texten muß die Schreibweise dieses Anliegen unterstützen, indem sie dicht am Gesprochenen bleibt. Die Orthographie folgt den Regeln, die meinem »Kleinen Plattdeutschen Wörterbuch« zugrunde gelegt wurden. Sie ermöglichen, die richtige Aussprache aus dem Schriftbild abzulesen, und berücksichtigen zugleich bewährte niederdeutsche Schreibtraditionen.

Inhalt

Drei Briefe